巨人軍論

——組織とは、人間とは、伝統とは

野村克也

角川oneテーマ21

目次

まえがき

一九九七（平成九）年四月四日。私が率いるヤクルトスワローズは、読売巨人軍との開幕三連戦を迎えていた。その初戦である。

前年の日本シリーズでオリックス・ブルーウェーブに敗れた長嶋茂雄監督率いる巨人はその年、日本一奪回を目指すべく三〇億円もの巨費を投じ、西武ライオンズから主砲・清原和博《かずひろ》、近鉄バファローズで四番を打った石井浩郎《ひろお》、千葉ロッテマリーンズのエース、エリック・ヒルマンらを獲得する大型補強を敢行し、断トツの優勝候補にあげられていた。対するヤクルトは、前年は四位。しかも三割を打った四番のトーマス・オマリーが引退したこともあり、下馬評ではBクラス必至だった。

なにより私は、ヤクルト選手の自信喪失を恐れた。

前年、ヤクルトは巨人に七勝一九敗と大きく負け越していた。この開幕戦を落としてしまえば、「やっぱり巨大戦力を持つ巨人には勝てないのか……」と選手が意気消沈し、そのまま下位に低迷してしまうおそれがあった。

しかし逆に、そんな巨人に勝つことができれば選手は自信を取り戻し、チームに勢いがつく。そのためにはなにがなんでも勝利する必要があった。その意味で、この開幕戦はシーズン一三五試合のうちの一試合ではない、このシーズンのすべてがかかっているといっても過言ではなかった。だからこそ私は、選手たちに「一三五分の一三五なんだ」と檄《げき》を飛ばしたのである。

巨人の先発はもちろん、斎藤雅樹《まさき》（前年度一六勝四敗）。前年まで三年連続して開幕戦で完封勝利を飾っている大エースである。ヤクルトは、もっとも調子のよかったテリー・ブロスを立てた。

憶《おぼ》えていらっしゃる方も少なくないだろう。結果的にこの試合は、その年に広島東洋カープを自由契約となってヤクルトにやってきた小早川毅彦《こばやかわたけひこ》の三連続ホームランがモノをいい、六対三でヤクルトが快勝した。

そして、私の目論見《もくろみ》どおりヤクルトは開幕ダッシュに成功し、その勢いを駆ってセ・リーグを制覇。日本シリーズでも西武を倒し、日本一に輝くことができたのである。対照的に巨人は最後まで立ち直れず、四位に終わった――。

この試合がいかに両チームのその後に影響を及ぼしたかは、そのシーズンのヤクルトと巨人の対戦成績を見れば明らかだろう。ヤクルトは巨人に一九勝八敗と大きく勝ち越した。逆にこの試合でKOされた斎藤は、その後、右肩を痛めわずか六勝に終わってしまった。斎藤が二桁《けた》勝利をあげられなかったのは、四年ぶりであった。まさしくこの試合は「一三五分の一三五」であったのである。

シーズンの帰趨《きすう》を決したといってもいい小早川の三連発を、メディアの多くは「広島を追われた小早川の意地と反発心が生んだ」と考えた。

もちろん、それは大きな要素である。

しかし、決してそれだけではなかった。勝負とはそんなに甘いものではない。小早川の三連発が飛び出した背景には、きちんとしたID野球の裏づけがあったのである。強者を倒すためには、相手を丸裸にするぐらいの情報収集、情報分析を徹底してやってきている。

ヤクルトは前年まで、斎藤にいわばカモにされてきた（前年度〇勝七敗）。巨人のエースである斎藤を攻略しないかぎり、ヤクルトのV奪回はありえなかった。

開幕前、私は斎藤の投球パターンを徹底的に分析した。攻略のカギはやはり、サイドスローに強いとされる左バッターにあった。私はヤクルトにやってきた小早川を呼んで、こう言った。

「おまえは、データを中心に狙い球を絞ったりするのか。どうもバッターボックスでは『来た球を打つ』だけといったようにしか見えない。なにも考えず、ただ来た球を打つだけだったろう。でもな、技術力には限界があるんだよ。少しデータを中心に配球でも研究したらどうだ」

そのうえで、斎藤の左バッターに対する攻め方をカウント別に徹底して解説してやった。もともと斎藤は、ストレートとカーブとシンカー程度しか球種を持っていない。ただ、その配球とコントロールが絶妙なのである。

ストレートとカーブ、ストレートとシンカーをうまく組み合わせて、バッターを翻弄《ほんろう》するわけだ。

たとえば、インコース高めに見せ球を放ってから、外角から入ってくるカーブでカウントを稼ぐ。ランナーのいるケースなら、シンカーを引っ掛けさせて六―四―三のダブルプレーを狙う。それが彼の左バッターに対する配球の基本だった。

もうひとつ特徴的だったのは、左バッターに対してワン・スリーになると、斎藤は一〇〇パーセント近く外からのカーブを投げてくることだった。これでカウントを稼ぐのである。

バッターというのは、ワン・スリーになると自分の好きなコースを待つ。それはまちがいではない。だが、いいピッチャーはそこへは絶対にコントロールミスしない。斎藤のカーブは、球が手を離れた瞬間はボールに見える。それで「あ、遠い」と思って見送ると、外角いっぱいのストライクになり、カウントを稼がれてしまうのだ。ヤクルトの左バッターは、それでやられていた。

このようなデータを見せながら、私は小早川に言った。

「インハイが来たら、それは外角からのカーブがくる前触れだ。とくにワン・スリーになったら絶対だ。そのときは外からのカーブをイメージして、ガーッと踏み込んでいけ！」

結果はまさしくデータどおりとなった。

そのカーブを小早川はセンターに叩《たた》き込んだ。あの三連発は、小早川の意地に、周到な準備が加わって必然的に生まれたものだったのだ。

この開幕戦の勝利は、チームだけでなく、私個人にとっても大きな感慨を抱かせるものであった。なぜなら、この勝利で私は、ようやく巨人という強大な敵にほんとうに打ちかったと感じることができたからである。

私が意図する「理詰めの野球」と「天性」だけで闘おうとするいまの巨人の野球。いったいどちらが強いのか、勝負してやろうじゃないか——人知れず私は、闘争心を燃やしていた。この開幕戦は、その意味でも絶対に負けられない一戦だった。大げさにいえば、「プロ野球人」としての私の存在意義をかけた闘いでもあったのである。

結果、ヤクルトは、私の考える理想的な野球で巨人を完膚なきまでに叩き潰《つぶ》した。会心の勝利であった。長年にわたって抱かされつづけてきた巨人に対するコンプレックスを完全に払拭《ふっしょく》するとともに、巨人の「伝統」にピリオドを打つことができた——この勝利で私は、たしかにそう実感できたのである。

ただ、誤解だけはしないでいただきたい。

本書では、巨人に勝ったという自慢話を書くつもりはない。むしろ球団創設以来、空前絶後の強さを誇った巨人軍を、私自身もう一度見直してみたい、と思い筆をとったのだ。

私はかつての「強い巨人軍」からすべてを学んだ。いまもなお、あのV9の時代のリーダー編成、教育、指導、戦略・戦術など参考にしている。

野村ID野球の根幹には、「巨人軍から学んだ思想」が脈々と流れている。

そして巨人軍には、いまもって戦略・戦術のノウハウが隠されていると確信している。

それらを本書でもう一度明らかにしたいと思う。

第一章　巨人はなぜ凋落したか

戦力補強は金がかかって当然である

豊富な資金力をバックに、巨人が毎年のように巨大な補強を行うことに対して、否定的な見方をする人が多い。けれども、私自身は巨人のやり方はある意味で正しいことだと断言できる。

そのことで、私は阪神タイガースのオーナーだった久万《くま》俊二郎《しゅんじろう》さんと激論したことがあった。

阪神の監督に就任して二年目を迎えた夏。なかなか進まない戦力補強について、私は久万オーナーに面会を求め、開口一番、こう言った。

「オーナーは、監督を代えさえすればチームが強くなると考えていませんか？」

「絶対とは思わないがもっとも重要なのは監督ではないのかね？」

久万さんはそう答えた。

そこで「監督も大事ですがもっと大事なものがあります」と私は反論し、つづけた。

「もはや、野球は戦術だけで勝てる時代は終わっています。強いチームをつくるには、それなりの資金力と時間が必要なのです」

　そして最後にひとことつけ加えた――「お金がかかりますよ」。

　久万オーナーは一瞬ムッとした表情になり、私にくってかかってきた。

「それではきみは巨人がやっていることが正しいと言うのかね！」

「ええ、ある意味で正しいと思います」

　即座に私は答えた。

　補強に力を入れるのは、チームをなんとかして強くしたいという思いの表れである。その意味で、毎年のように大型補強をくり返す巨人は、決してまちがってはいないのである。

　ただ、資金力をバックにした補強の内容が的を射ていないのが問題なのである。

　野球の九つのポジションと打順にはそれぞれの役割がある。

　それを無視し、国内外の四番バッターばかりを集めたのがいまの巨人である。「個々の選手の才能の合計＝チーム力」と短絡的に考えた結果があのていたらくなのである。チームでもっとも大事なのは〝機能性〟である。

なぜか投手を獲らない補強の不思議

もうひとつ、私は巨人が資金力にものをいわせて、有力選手を「かき集める」たびに思うことがあった。

どうして巨人はエースを獲らないのだろう――。

野球は〇点に抑えれば負けないのである。その主役はピッチャーである。やはり、なんといってもピッチャーが大事なのである。にもかかわらず、近年巨人がFA（フリー・エージェント）やトレードで補強するのは、落合博満《ひろみつ》、石井浩郎、清原和博、ロベルト・ペタジーニ、江藤智《あきら》、小久保《こくぼ》裕紀《ひろき》、タフィ・ローズというように、「四番」ばかり。ほかのチームにもっていかれるくらいなら、自分のところで獲ってしまおうと考えているかのようだ。

これまでエース級の投手を補強したのは、広島東洋カープの川口和久と福岡ダイエーホークスの工藤公康《きみやす》、千葉ロッテマリーンズのエリック・ヒルマンくらいのもの。数多く来日した外国人投手も一線級とは言いがたかった。ようやく二〇〇五（平成一七）年のオフに中日ドラゴンズの野口茂樹《しげき》を獲得したが、遅きに失した観がある。

野茂英雄《のもひでお》が道を拓いて以来、好投手のほとんどがメジャーリーグを目指すようになったことで、人材が減少しているというのは事実だろう。ポスティングシステムという方法で、FAを待たずに移籍することも不可能ではなくなった。とはいえ、巨人ほどの資金力があれば、メジャーリーグから連れてくるなど、いろいろな方法はあるはずである。

結局、いつの時代も巨人は打撃のチームなのである。

川上哲治《てつはる》さん、千葉茂さんの時代からON（王貞治《おうさだはる》、長嶋茂雄《ながしま》）、原辰徳《たつのり》、松井秀喜《ひでき》、高橋由伸《よしのぶ》、清原と、チームの中心はつねにバッターであった。言い換えれば、投手の評価が非常に低いのが巨人というチームだった。

それを端的に示すデータをみつけた。一九七三（昭和四八）年の各選手の推定年俸である。打者では五三〇〇万円の長嶋と四五〇〇万円の王を筆頭に、以下、森昌彦（祇晶《まさあき》）二〇〇〇万円、柴田勲《しばたいさお》一八〇〇万円、黒江透修《ゆきのぶ》一六〇〇万円、土井正三《しょうぞう》一四〇〇万円とつづく。一方の投手はどうかといえば、最高が堀内恒夫《つねお》の一二〇〇万円だった。これは打者では高田繁《しげる》と同額である。

しかし、堀内はその前年、自己最高の二六勝をあげ、勝率一位、沢村賞とタイトルを総なめにしたばかりでなく、セ・リーグと日本シリーズのMVPにも輝いているのだ。にもかかわらず、球団が提示した年俸はその程度だったのである。巨人がいかに投手の価値を低く見積もっているのかよくわかるといえまいか。

「野村再生工場」は巨人への対抗心から生まれた

考えてみれば、「野村再生工場」も巨人への〝対抗心〟が生んだものだ。

そのスタートは、南海ホークス時代の一九七三年に、巨人から放出された山内新一と松原（福士）明夫というピッチャーをなんとかして使えるようにしようと考えたことだった。山内も松原も巨人時代にはほとんど活躍できないピッチャーだった。それが南海に移籍したとたん、山内が二〇勝、松原も七勝をマークし、リーグ優勝の原動力になったのである。

再生というのは、じつはそれほどむずかしいものではない。彼らの多くは前にいた球団から〝放り出された〟わけだから、悔しさを持っている。なんとか見返してやろうと考えている。その気持ちを利用するのである。そのうえで、一軍で活躍するために必要な必修科目や条件のなかで、彼らに足りない部分を教えてやればよい。

はっきりいって、いいピッチャーはどんなキャッチャーが受けても一緒である。

極端にいえば、バッターがストレートを狙っているなとわかったときでも、ストレートのサインを出して大丈夫なのが、いいピッチャーである。だから、キャッチャーが多少ヘボでもなんとかなる。

しかし、実績のない、それこそ箸《はし》にも棒にもかからないピッチャーはそういうわけにはいかない。そして私は、そういうピッチャーをリードするのがすごく楽しい。まさしく腕の見せ所だと妙に張り切ったものだった。

私はピッチャーにいつもこう言った——「とにかくストライクを放れるようにせい。あとはおれがなんとかしてやる」。

いつか古田敦也《あつや》が同じことを言っているのを聞いて、「どこかで聞いた言葉だなあ」と笑ったことがあるが、そうやって「落ちこぼれ」のピッチャーをうまく投げさせたときの痛快感といったらなかった。

かつて南海のコーチを務めていた古葉竹識《こばたけし》氏が広島の監督になったとき、私はよくトレード話をもっていった。すると、古葉氏はいつもこう言ったものである。

「南海のピッチャーは、マイナス五勝して考えないといけないからなあ」

南海で一〇勝したピッチャーは広島に来たら五勝、五勝なら〇勝と計算しなければいけないという意味である。つまり、五勝ぶんは私のリードで稼いでいたと古葉氏は認めてくれていたというわけだ。

再生の基本は「情」にある

Ｖ９監督の川上哲治さんは非情だったといわれる。

こんなことがあったという。産経アトムズ（現ヤクルトスワローズ）との試合だった。五回表までにすでに巨人は九対〇とリードしていた。ピッチャーはエースの堀内だったが、五回の裏に堀内がおかしくなった。ワンアウトからバッターを四球で歩かせ、さらにピッチャーゴロをみずからのミスで内野安打にすると、次の打者にもフォアボールを与え、満塁にしてしまった。

すると、川上監督はマウンドに向かい、堀内の手からボールをもぎとったのである。あとふたり抑えれば勝利投手の権利を獲得できるという状況だった。しかも、得点は九対〇である。にもかかわらず、川上さんはスパッと堀内を降板させた。堀内によれば、同じようなケースが数度はあったらしい。

しかし、私にはこれができなかった。

そういうことは二〇年間監督をやってきて、一度もない。監督は非情に徹することが必要だとは頭ではわかっているし、本心では代えたほうがいいのだけれども、どうしても情をかけてしまう。かわいそうだと思ってしまうのだ。

ピッチャーに檄を飛ばし、「このバッターはこういう特徴があるから、こう攻めていけ」と言って、なんとか投げさせようとするのが私である。とくに練習熱心で一所懸命努力している投手とか、長い下積みを経てようやく一軍に上がってきた投手に対しては、どうしても情をかけてしまう。不憫《ふびん》だと思ってしまうのである。

とくに若いピッチャーには勝つことが何よりも自信になるし、ローテーションに入っているピッチャーでもスランプに陥っているときは勝ち星に勝る良薬はないという気持ちもあるからだ。

その結果、何回か失敗した経験がある。

だが、逆にいえば情があったからこそ、「野村再生工場」が誕生したという言い方もできる。見限られた選手やくすぶっている選手を再生させるための基本は、情にあるのだ。

選手をいかに使うか

南海に来て一躍エースとなった山内が、こういう表現で森氏と私を比較したことがある。

「森さんはできあがったピッチャーをリードするのはたしかにうまいけれど、われわれのようなボロピッチャーはうまくリードしてくれない。野村さんはその逆で、われわれをほんとうにうまく使ってくれる。そのテクニックがすばらしい」

森氏より私のほうがキャッチャーとしてすぐれていたと言いたいわけではない。森氏と私はタイプがちがう。だからライバル意識も感じたことはなかった。

ただ、私は森氏に注意したことがあるのだが、彼は打たれたらピッチャーのせいにした。たとえば「おれはアウトコースに投げろといったのに、インコースに放りやがったから打たれたんだ」と監督やコーチに聞こえるように言ったこともあったと聞いている。

それに対して、私は全部キャッチャーが悪いと考えた。アウトコースにきちんと投げられるコントロールがないとわかっているなら、ほかのボールを要求すればいい。外角低めを要求して結果的に真ん中に入ってきたら、これはしかたがない。逆にバッターが打ち損じてくれる可能性だってある。一〇〇パーセント打たれるわけではない。それが野球というスポーツではないのかとも森氏に諭したものだ。

結局、彼はキャッチャーの理想を求めたのだろう。捕手という職業は「このバッターはこういう特徴があって、このコースだけは投げてはいけない。だから、そちらは見せ球にして打者の意識はそこに引きつけておいて、勝負はこっちのボールで打ち取る」というふうに理想の配球をイメージする。森氏はいつも私に愚痴っていた。

「おれは四六時中バッターを研究して、一所懸命配球を考えて苦悩しているのに、ピッチャー連中は誰もわかってくれない……」

ただ、そうした理想を追う森の取り組み方が並みいるライバルたちを蹴落《けお》として巨人のホームベースを死守させたと言ってよい。

しかし、私はちがう。私にだって理想はある。

だが、現実はそれを追ってばかりはいられなかった。森氏が見限った、巨人をお払い箱になったような選手たちを使い切らなければならない〝弱小チームの事情〟があった。

そういう選手たちをいかに使えばいいのか、戦力が劣るチームが勝つためにはどうすればいいのか。それを徹底的に考え、工夫したことが、結果的にヤクルトの監督時代に私の大きな力となったのである。

ID野球

一九九〇（平成二）年に私が監督になったときのヤクルトは、九年間Bクラスに低迷しており、いわば負け犬根性が染み付いているチームだった。巨人のような巨大戦力を誇るチームには、最初から勝てないと決めつけてしまっているかのようだったのだ。

私自身、パ・リーグの出身だから、実態以上に巨人を大きく見ていた部分もあった。だが、実際に闘ってみて、たいしたことはないなと感じるようになった。当時の巨人は選手の天性だけで闘っているチームであった。だから、ちょっと工夫すれば絶対に倒せると思ったのである。

たしかにヤクルトには豊富な戦力はない。弱者である。だが、弱者が巨人という強者に勝つための戦術はあるはずだと私は考えた。その結論がID、すなわちインポート・データ、データの導入だった。

巨人には勝てないと思っているヤクルトの選手たちに「こうすれば勝てる」と説得するためにもっとも効果的なのはやはり数字、データである。そこで私は、「どんな強打者にも弱点はある。ストライクゾーンのすべてをヒットにできるわけではない」と言って、スコアラーに各打者のヒットゾーン、凡打ゾーン、空振りゾーンを明確に出させ、バッテリーには「ボールに明確な意思を伝えろ」と命じた。すなわち、「この状況で、なぜこのボールを投げるのか」、その根拠を明らかにしろと要求したのである。

配球というものは、イニング、得点差、アウトカウント、打順、ボールカウントという五つの状況に加え、打席に迎えたバッターがどんなタイプなのか、何を狙っているのか、足は速いのか、現在好調なのか不調なのか、そしてどんな性格なのかといったことまで、個別の問題もすべて検討したうえで決定されなければならない。

私はバッターのタイプを、以下の四つに分類している。

第一は、直球を待ちながら変化球にも対応しようとする打者（A型）。第二は、内角か外角、打つコースを決める打者（B型）。三つめが、ライト方向かレフト方向か、打つ方向を決める打者（C型）。そして最後が、球種にヤマをはる打者（D型）である。

もちろん、どんなバッターも状況によってはA型がD型になったりするから、バッテリーは打者のこうした微妙な変化も感じ取らなければならない。こうした条件をすべて検討したうえで、なぜそのボールを投げるのか、明快な根拠を認識してこそ、プロといえるのだ。

もちろん、収集したデータは打者のものだけではない。各相手バッテリーの配球の傾向や牽制《けんせい》の傾向、クセはもちろん、カウント別の配球や状況に応じての配球、さらに相手の監督の作戦の傾向や指導法まで、徹底的に調べさせ、全精力を使って分析した。

見えない力のほうが見える力より大きい

そもそも、なぜデータが必要なのか。その理由はもちろん、「知らないより知っていたほうがいい」からである。

有形の力より、無形の力のほうが大きく多数ある——私はそう考える。

観察、分析、判断、決断、そしてデータや情報の収集と活用、思考と準備。これらはかたちになっていない。というより、相手からは見えない。

劣等感だってそうだ。そして、そういうものを重視し、活用して闘うチームのほうが絶対に強い。こうした見えない力の前には、技術力など目に見える力なんか吹き飛んでしまう。これは長年、私が野球をやってきたなかで得た真理である。

試合というのは、ひらめきや勘が大きなウェイトを占める。

とはいえ、野球に対する経験や知識や情報が左脳に蓄えられているからこそ、右脳から正確なひらめきや勘が生まれる。知識やデータ、情報の裏づけのないひらめきや勘は、たんなる思いつきである。

そして、蓄えられたものが大きければ大きいほど、ひらめきと勘は正確になる。勝負とはそういうものだと私は思っているのである。試合は九〇％が直観力（ひらめきや勘）と読みである。

勝負というものは、なんらかの差で勝ち負けが生じるのである。

二〇〇五年の東北楽天ゴールデンイーグルスのように戦力がちがいすぎては、これはどうしようもない。だが、四分六分あるいは三分七分くらいの戦力差であれば、野球というスポーツは充分に闘える。野球の性質を理解し、その特性にのっとって、戦略や戦術を練ればいい。そのための力となるのがデータであり、またそれを利用して考える力、すなわち見えない力なのである。

監督の仕事は、いかにチームにプラスアルファの力を植えつけるかということだろうと私は思っている。目に見える力だけでは勝てないということを認識させ、いかに見えない力の重要性に気づかせるか。それが大事なのである。

だから私は、このようなことを選手に叩《たた》き込む一方で、裏方すなわちスコアラーとスカウトの教育にとても力を入れる。

スカウトには最初にこう訊《たず》ねる。

「あなたたちは何を基準に選手を獲っているのか」

だいたいは答えに窮するのだが、「かんたんなことじゃないですか」と言って、私はこう要請する。

「足が速い、球が速い、遠くへボールを飛ばす。そういう天性を持った選手をまず獲ってください」

というのは、天性ばかりは鍛えられるものではないからだ。努力して身につくものでもない。だが、それ以外に必要な条件は現場で育てられるというのが私の考えだ。それを確認しておくのである。

結果が出ないとき、編成は「いい選手を獲ってきても現場が育てられない」、現場は「編成がろくな選手を連れてこないからだ」と責任転嫁をしがちなので、それを避けるためもある。

スコアラーに対しては、もっと細かく指示をする。彼らが集めてくるデータというのは、たとえば「上原浩治《こうじ》が完投して百数十球投げました。うちストレートが何パーセントで変化球が何パーセント、フォークが何パーセントでした」というものが多い。だが、そんなものは「テレビ局に持っていけ」と私は言ってやる。

私がほしいのは、状況ごとのバッターの傾向やバッテリーの配球パターンといったデータである。いわば心理面に関するものである。

たとえば、こういうボールカウントで投手がサインにクビを振ったとか振らないとか、バッターなら大きな空振りをしたり、ホームラン性の大ファウルを打ったあと、どういうバッティングをしたかというデータである。

野球は「間《ま》」のスポーツである。

一球一球考える時間がある。同時に、野球は確率の高いほうを選択するスポーツでもある。その状況でバッターやバッテリーがどのような心理状態にあるのか、ある程度わかっていれば、それだけ攻略できる確率が高くなる。こうして蓄積していったデータは膨大なものになった。

目に見えない力で松井を攻略

そのデータが最大限に威力を発揮したのが、冒頭でも述べた一九九七年の開幕三連戦だった。この試合こそ、「目に見えない力は目に見える力に勝る」ということをはっきりと証明した試合でもあった。

小早川の三連発の印象があまりに鮮やかだったために見過ごされがちであるが、じつはこの勝利にはブロスをはじめとするヤクルト投手陣の好投とそれを引き出したキャッチャー・古田のリードも非常に貢献している。

とりわけ前年に三割三分三厘も打たれた松井秀喜をホームラン一本に抑えたことが、その後の巨人との対戦を大きく左右することになった。そしてもちろん、その結果についても目に見えない力が働いていたことはいうまでもない。

松井を抑えなければ、ヤクルトに優勝がないことはわかっていた。過去、松井を封じ込めたシーズンはヤクルトが優勝しており、逆に三割以上打たれた年は巨人が優勝をさらっていたことがはっきりとデータに表れていたのである。

となれば、松井に打たれることは巨人に勢いをつけさせるだけでなく、ヤクルトにとっても死活問題となる。絶対に封じ込めなければならなかった。

私は松井のあらゆるデータを集め、対策を徹底的に考えた。出てきた結論は、「松井を完璧《かんぺき》に封じることは不可能であり、ある程度ヒットを打たれるのはしかたがない。だが、ホームランは防げる」というものであった。

「ホームランを防ぐのは、ピッチング次第で可能である。「好きなコースの近くに弱点がある」とよくいわれるが、私の採った攻め方は、まさしくそれだった。

もともと松井はストレートを待ちながら変化球に対応するタイプ、すなわち前に述べたA型であった。つねにホームランをイメージしているから、目線はいつも内角に置いている。だから、意外に外角のボールゾーンからストライクになるようなカーブは見逃す傾向にある。外角いっぱいの球もほとんど見送っていた。

ホームランを防ぐための鉄則は外角勝負である。松井自身も外角低めいっぱいは苦手としていた。だから、ヤクルトにかぎらず多くのピッチャーは外角で勝負しようとする。それはまちがいではない。ただし、そうやって逃げているだけではダメなのである。

松井は状況によってははっきりと球種を絞ることも少なくない。たしかに外角いっぱいは苦手である。だが、そのボールが少しでも甘く入ったら、それは松井のホームランゾーンになってしまうのだ。それでやられていたのである。紙一重なのだ。外角いっぱいはOK。だが、それが少しでもなかに入ったら、松井のもっとも好きなゾーンになってしまうのだ。

以上のようなデータをもとに私は、以下のような攻略法をバッテリーに叩き込んだ。

まずは外角いっぱいでカウントを稼ぐ。ただ、その際はまちがっても内角寄りは放るな、外にはずれるボールになるような気持ちで投げる。そのあと内角を攻めるのだが、これはすべてボール球にする。手を出してくれれば、もうけものである。そうやって「内側に行くぞ、行くぞ」と見せかけて、最後は外側にシンカーを落として引っ掛けさせる。これが基本であった。ある意味、非常にオーソドックスである。そのうえで、打者有利のカウント、投手有利のカウントなど状況ごとに細かく分けて、具体的に攻め方の指示を出した。

ヤクルト投手陣と古田はそのシーズン、この攻略法を忠実に実行した。

結果、その年は松井を二割二分三厘程度まで封じ込めることができたのである。

私は知らなかったのだが、私がヤクルトの監督をしていた時期、巨人がヤクルトに勝ち越した年はだいたい優勝しているそうだ。逆に、ヤクルトに負け越した年は一度も優勝していない。巨人に対してだけ戦力を注いだつもりはないのだが、結果的にそうなっているらしい。

ただ、実際に五年めくらいからは選手にも巨人に対する劣等感はまったくなくなっていた。それどころか優位感さえ抱いていたのは事実である。

私自身は巨人には三連敗しなければいい、ひとつ勝てばいいと考えていた。その代わりに当時は弱かった阪神と横浜ベイスターズに確実に勝つ。そういうローテーションを組んだ。

ただし、「ここ一番」というときには、全身全霊をかけて巨人に臨んだ。その象徴が、この開幕戦だったのである。

野球は「間」のスポーツである

このように、野球というのはやり方次第で弱者が強者を倒せるところに本来の醍醐味《だいごみ》がある。ところが、最近は、こうした「野球というスポーツの特性」を監督や選手、ファンが理解していないように思えてならない。

とくにパ・リーグがそうだ。荒っぽくて、キメの細かさというか、緻密《ちみつ》さがなくなっている。繊細かつ大胆というのが野球のおもしろさであるのに、大胆ばかりになっている。「解説者泣かせ」のゲームが多いのである。こうした状態が、野球の人気低下を招いている一因になっている。

その最たるゲームが二〇〇五年のパ・リーグのプレーオフ第二ステージ、福岡ソフトバンクホークス対千葉ロッテ第五戦である。この試合、私はテレビの解説を務めていたのだが、一点リードされて迎えた八回、ロッテは無死一、二塁のチャンスをつかんだ。バッターは四番のサブローである。

これまでの三打席はまったくいいところがなかった。しかも両チームのエース格の投手が総力をあげて投げている。連打の確率は非常に低い。ここは一点を確実に取らなければならない。当然、絶対にバントの場面である。

ところが、ボビー・バレンタイン監督はサブローに強攻させた。結果はセカンドへのファウルフライである。結果的に次の里崎智也《ともや》が左中間に二塁打を放って逆転し、ロッテがパ・リーグを制することになった。

私にいわせればこれは明らかに采配《さいはい》ミスであるが、それはバレンタインの作戦だからよしとしよう。それよりも責めなければいけないのは、強攻したサブローがかんたんにフライをあげたことである。強攻するなら、最低でも走者を進塁させなければならない。その気持ちがあれば、少なくともボールを転がすだろう。

また、里崎の二塁打も、ソフトバンク・バッテリーが「野球の鉄則」を理解していなかったことを物語っている。あれは、ピッチャーの馬原孝浩《たかひろ》が何も考えずに真ん中に真っ直ぐを放ったからこそ生まれたものだ。せっかくワンアウトを取ったのに、どうしてそんなピッチングをするのか。

「ピンチのときは時間をかけろ」と私はよく言うのだが、あの場面では最低四球から五球は費やすべきなのである。私なら、まずは外角にボールぎみのスライダーを投げさせる。そこでバッターがどのような反応をするか探るのである。

ステップや身体の開き方で、なにを狙っているのかある程度わかる。そうやって慎重に攻めていくのが、ピンチの際の定石である。にもかかわらず、ソフトバンクのバッテリーは、初球からよりによって里崎がもっとも好きな真ん中やや低めのストレートを放った。

私に言わせれば、あの二塁打は「打った」というより、「衝突」したといったほうがよい。こういうところに日頃の教育が出るのである。

今回のプレーオフは両チームともいたる場面でそんなことを私に感じさせた。だが、テレビ中継や新聞も、ただ選手をほめ、結果論で評価を下しているため、そのことに言及する報道はなかった。

楽天の監督就任会見でも言及したが、そもそもパ・リーグはくだらないルールが多すぎる。予告先発などその最たるものだが、ほかにも「コーチスボックスやベンチ、走者から球種の伝達をしてはいけない」とか「ベンチへのメガホン持ち込み禁止」といった規制がある。

これらは野球の本質をスポイルする以外の何物でもない。駆け引きや騙《だま》し合いは戦いの要素である。それらは弱者が強者を倒すための戦略のひとつなのである。

先にも述べたが、野球は「間のスポーツ」であると私は考えている。一球一球、その状況に応じて、敵味方さまざまな心理がからみ合う。読み合いがある。それが野球の妙であり、「江夏の21球」をはじめ、数々のドラマを生んできた所以《ゆえん》である。だからこそ、研究が必要であり、知識をつけ、創意工夫することが求められるのだ。

ところが、いまの野球は、とくにパ・リーグの野球は、投手は力いっぱい投げ、打者はフルスイングすればいいと思っている。それを持ち上げる風潮さえある。だが、そんな野球は、私に言わせれば「打ち損じ」と「投げ損じ」の対決に過ぎない。名勝負が生まれなくなった原因もそこにある。

野球とは本来、心理にもとづいて「打ち取る」ことと「攻略する」ことのせめぎ合いなのである。それが私の信念でもある。

かつての巨人の野球は、たしかに「打って勝つ野球」ではあったが、決していまのような「投げ損じ、打ち損じ」だけの野球ではなかった。村山実や江夏豊、星野仙一や平松政《まさ》次《じ》といった投手は、おのれの力のすべてをかけて巨人に挑んだし、巨人もまた、全精力を尽くしてそれを撥《は》ね返そうとした。だからこそそこに名勝負やドラマが生まれたのである。

いわば一流が一流を育てたのだ。

私自身も、よりいっそう野球の本質を探究し、心理や戦術の原理原則を求めることで、天性だけの野球に対抗し、乗り越えようとした。それがいまの私の野球観をかたちづくっているのはまちがいない。だからこそ、いまだに私を必要としてくれるチームがある。私はそう考えているのである。

能力優先の精神野球

私は「精神野球」が嫌いである。

すなわち「体力・知力・気力」のうち、気力だけを重視する野球である。気力などというものは、プロである以上つねに持っていて当然。気力を問題視しなければならないようでは、プロ意識が欠如しているというしかない。ファンに喜んでもらうことで生活しているわれわれは、いわば「見せ物」であるから、そんな低次元の「商品」を提供するわけにはいかないのである。いやしくもプロであるのなら、気力に頼るなどということは恥であると認識しろと言いたい。

現在では各チームが積極的に最新の情報やデータを取り入れ、選手の気力や能力だけに頼らない科学的な野球を志向している。つまり「知力」を磨いているわけだ。そのなかにあって、巨人だけが一〇年も二〇年も前の能力優先の「精神野球」をいまだにやっている。「ベストを尽くせ」「何がなんでも抑えろ」「気合で打て」と、気力だけで勝とうとしているように私には見える。

そのいい例が清原だった。

彼はどう考えても親からもらった天性だけで野球をやっているとしか思えない。清原クラスの打者に対して、ピンチの場面でストレート勝負を挑む投手などいない。ストレートは見せ球に使いながら変化球で勝負するのがセオリーである。にもかかわらず、彼はいつでもストレートを待っている。それで変化球のボール球に手を出して三振することが多い。

まだご記憶に新しいと思うが、二〇〇五年シーズンの阪神戦でこんなことがあった。一〇対二と阪神がリードして迎えた七回二死満塁で、清原に打席が回った。ピッチャーは藤《ふじ》川球児《かわきゅうじ》である。ツー・スリーとなって、藤川が投じたのはフォークボール。空振り三振に終わった清原は、藤川に向かって怒鳴った。

「真っ直ぐ投げてこんかい！　チンチンついてんのかあ！」

私には、清原が「力対力」の勝負を、もっといえば「男らしさ」を勘違いしているとしか思えない。相手もプロである。それで飯を食っているのであり、打たれるわけにはいかない。そのためには、体力・気力・知力のすべてを使って勝負する。それがほんとうの「力対力」の勝負であり、「男らしさ」なのである。藤川は卑怯《ひきょう》だとはいえない。

私は、技術だけで勝負して凡退してきた選手に対しては「何を考えているんだ！」と厳しく叱るようにしている。天性だけで対応できたのは長嶋だけである。かつての巨人なら、清原の態度を許さなかっただろう。それを黙って見逃すばかりか、同調さえするムードがチーム内に感じられるようでは、首脳陣こそ「何を考えているんだ」というしかないのである。

プロフェッショナルとは、見える能力プラス見えない能力を高レベルでかね備えている者をいう。

データ軽視の弊害

最近は各チームがデータの重要性に気づき、積極的に役立てるようになっている。

私が監督になる前のヤクルトはデータの必要性を理解していたとは言いがたかったが、その活用法を私が徹底的に教え込んだ結果、決して豊富な戦力を持っていないにもかかわらず、つねにAクラスをキープするようなチームになったし、阪神についてもデータ利用ということに関しては、昔とは見ちがえるようなチームになったと自負している。

巨人はどうか。

データなどまったく見ていないのではないかと思えるほどである。主軸はともかく、本来はデータを駆使すればもっと活きるであろう仁志敏久《にしとしひさ》や二岡智宏《におかともひろ》、清水隆行《たかゆき》といった選手たちも、とても活用しているようには見えない。いつも同じように勝負しにいって、同じように打ち取られている。おそらく首脳陣からしてデータを軽んじているのだろう。というより、使い方を知らないのではないだろうか。

誰もが長嶋のように「来た球を打つ」ことができるのなら、データはいらないかもしれない。

しかし、現実はそうではない。九五％以上の打者が凡人であるはずである。だからこそ、データが必要になる。ピッチャーが投げてくる球種やコースをあらかじめ頭に入れておけば、それだけ攻略できる確率が高くなるからだ。

たとえばカウントがワン・ツーとなったとき、「そういう状況ではあのキャッチャーは変化球を要求する傾向がある」と知っているだけで、狙い球が絞りやすくなるのである。

野球は確率の高いプレーを選択するスポーツである。そして、頭でするスポーツである。「身体を鍛える前に頭を鍛えろ」——巨人の選手と首脳陣に対して私はそう言いたいくらいである。

たしかに、巨人のようにそれなりのタレントが揃っているチームというのは、データとか細かいことを言うと、往々にして反発するものだ。そんなものがなくても天性だけである程度結果が出てしまうからだ。

「野村さんが巨人みたいにすごい選手が集まっているチームの監督をやったら、優勝まちがいなしでしょうね」と新聞記者がよくおべんちゃらを言ってくるが、それは逆である。

というのは、私がデータうんぬんとしつこく言ったところで、選手は反発するだけで、チーム全体がガタガタになってしまう。

私は「自分は弱いチームに向いている」とつねづね言っているのだが、ただ、チームにデータ軽視の傾向があれば、スコアラーだって収集に力を入れなくなるのは確実である。となれば、集まってくるデータは無味乾燥なものになりがちだ。だから選手がたまに見ても利用価値のないものばかりで、そうなると選手はますますデータを軽視するようになる。そんな悪循環が巨人内部に起こっている気がしてならないのである。

第二章　巨人への対抗心とＩＤ野球

野球を科学するキッカケをつくってくれたブレイザー

パ・リーグ育ちの私は、人気のある強い巨人に対して大きなコンプレックスを抱いていた。それを拭《ぬぐ》い去るためには、なんとしても巨人を倒さなければならなかった。鶴岡一人《つるおかかずと》監督時代の南海の野球は、「精神野球」以外の何物でもなかった。なにかといえば「気合だ！」「たるんどる！」と檄《げき》が飛んだ。

たとえばある打者が左中間を破るような、うまくすれば三塁を狙えそうな打球を放ったとする。打ったバッターが二塁を回って三塁を陥れようとすると、ベンチで鶴岡さんは「バカたれ！　バカたれ！」と怒る。だが、首尾よくセーフになると「よーし。よくやった」。ある意味、行き当たりばったり。そんな野球をやっていたのである。

選手時代から私は、そういう野球に大きな疑問と不満を感じていた。「野球というのはそんなものではないだろう」と……。巨人が「ドジャースの戦法」を取り入れながら、野球の近代化を推し進めていたにもかかわらず、南海ではいまだ前近代的な野球をやっている。いわば竹槍《たけやり》で爆撃機に向かうようなものである。

こんなことでは巨人を倒せるわけがない。私はそう思っていた。だから、コツコツとデータを集め、それなりに役立てていたのだが、チーム全体としてどうすればいいのか、当時の私には具体的にわかっていなかった。

アメリカからひとりの元メジャーリーガーが南海にやってきたのは、そんなときだった。大差がついた負けゲームであった。九回の攻撃に先頭打者として打席に入った彼は、ツーストライクまでバットを振ろうとしなかった。打ちやすそうなボールもあった。が、バットを振れば打ち損なう可能性がある。それよりも出塁率を高める考えからフォアボールを選んで塁に出て、反撃の足がかりをつくろうと彼は考えたのだ。

まさしくフォア・ザ・チームである。

そんなプレーを私は見たことがなかった。彼の名はドン・ブラッシンゲームといった。そう、のちに阪神の監督も務めたドン・ブレイザーである。妻が英語ができるので、私はブレイザーを食事に誘ったり、また家に遊びに行ったりして、メジャーリーグの情報や彼の野球論を聞き出し、大いに目を見開かされた。それで、南海の監督になることが決まったとき、アメリカに帰っていたブレイザーに連絡をとり、「コーチをやってくれないか」と要請したのである。

野球は頭でするものだ

再来日したブレイザーは、開口一番、南海の選手たちにこう言った。

「野球は頭である。私は日本でみんなと一緒に野球をやったけれども、南海の野球は何も考えずに、きわめて幼稚な野球をしていた。それが不満だった」

最初のキャンプから私はブレイザーを講師にして、毎日ミーティングを行うことにした。

「たとえばバントのサインが出たとする。きみたちは何を考える？」

ブレイザーは選手に訊《たず》ねた。選手たちは答えられなかった。「一塁側にするか、三塁側にするか」ということすら、当時の南海の選手は考えていなかったのである。ブレイザーは言った。

「一塁側と三塁側、どちらが成功率が高いか、自分はどちらのバントが得意か。それを考慮したうえで、確率の高いほうへ転がしなさい。たとえ相手がバントシフトを敷いてきたとしても、きちんとバットの先端に当ててボールを殺せば、絶対に成功する。いいバントはシフトに勝るのだ」

ヒットエンドランについても、ブレイザーは「何を考えるか」と訊ねた。

「ボールを転がすことです」

そのくらいは南海の選手でも答えられる。だが、ブレイザーは「それだけではダメだ」と言って、つづけた。

「二塁のカバーにセカンドが入るのか、それともショートが入るのか、それを読むことが大切だ。そして、カバーに回るほうに転がすのだ」

「犠牲フライを打つときは、肩の弱い外野手を狙え」ともアドバイスした。さまざまなフォーメーションにも目を配った。

基本中の基本ではないかといわれるかもしれない。だが、当時の選手は、それこそ目を白黒させて聞いていたものだ。日本人選手にとっては画期的なことだったのである。私自身、彼との出会いが野球をさらに深く考えるキッカケとなった。野球を科学するキッカケをつくってくれたのは、まちがいなくブレイザーであった。

おそらく、巨人でも当時はここまで深く考えていなかったはずだ。その証拠に、広岡達朗《ひろおかたつろう》さんがブレイザーにすごく興味を持っていた。「どういうことを教えているんだ」と、顔を合わせると盛んに訊いたものである。

失われた巨人の伝統

いまでも、巨人ファンならなおさら、アンチ巨人でも覚えている人が多いというのが、読売巨人軍の教訓「正力松太郎遺訓《しょうりきまつたろう》」だという。

・巨人軍は常に強くあれ
・巨人軍は常に紳士たれ
・巨人軍はアメリカ野球に追いつけそして追い越せ

かつての巨人は、この精神を体現しているチームだった。だからこそ、われわれ他球団の選手は巨人に大いなるあこがれを抱き、目標とし、対抗心を燃やした。

金田正一《まさいち》さん（国鉄）、村山実（阪神）、江夏豊（阪神）、星野仙一（中日）、平松政次（大洋）といったライバルチームのエースたちは、まさしく全身全霊をかけて果敢に巨人に挑んだし、王貞治と長嶋茂雄を中心とする巨人もまた、あらゆる手を尽くしてそれをねじ伏せた。

われわれパ・リーグの人間も、なんとかして日本シリーズで巨人を倒したいと思い、切《せっ》磋琢磨《さたくま》した。だからこそ、そこに名勝負やドラマが生まれたのであろう。結果として「巨人偏重主義」という弊害を招いたとはいえ、そのことがプロ野球全体を活性化させたのはまぎれもない事実であった。

だが、そんな巨人がいつのころからか、おかしくなった。

弱くなっただけではなく、かつて掲げていた「巨人の精神」を、みずから捨ててしまったように私には思えたのである。

こんなことがあった。

私がヤクルトの監督を務めていたころの話である。ある試合でヤクルトのピッチャーの西村龍次が巨人の村田真一（捕手）にデッドボールを与えてしまった。

その裏、西村が打席に立った。その初球である。巨人のピッチャーは、いきなり西村に死球をぶつけてきたのである。あまりにも露骨だった。故意の死球といっても過言ではない。

おそらく監督かコーチの指示だったのだろう。だが、かつての巨人ならそんなことはありえなかった。その後、別の打者――外国人選手だったと思う――に対しても、顔の近くにボールが行ってしまい、そのバッターが怒って西村に飛びかかり、両軍入り乱れての大乱闘になった。そのころの巨人は、野次もセ・リーグでもっとも汚かった。

昔、日本シリーズのとき、南海の選手が巨人の水原茂監督を野次ったことがある。すると南海の鶴岡監督は「バカもん！　敵将を野次るとはなにごとだ！」と、その選手を叱りつけたものだ。その影響もあって、私は絶対に報復や威嚇行為は行わなかったし、汚い野次も絶対に許さなかった。

けれども、巨人は平気でしかけてきた。西村の一件のあとも、同じようなケースが何度かあった。

「いったい、巨人はどうしてこんなチームに成り下がってしまったのだろう。私があこがれ、闘志を燃やした巨人はどこにいってしまったのだろう」

私は大いに失望させられた。巨人はいつしか球団創設時の精神とはかけはなれたチームになってしまったのである。

広岡さんがヤクルトを率いていたとき、新聞記者にこう語ったことがあるそうだ。

「いまのような巨人に負けるわけにはいかないよ」

ヤクルトが初優勝を飾ったときだから一九七八（昭和五三）年だろうか、その年、巨人は最後まで優勝争いに加わっていたものの、最後は二位に終わった。なにより絶対に負けてはいけない試合にあっさり負けるようになっていた。広岡さんのいたころの巨人は、絶対にそんなことはなかった。むしろ、プレッシャーのかかった試合でこそ力を発揮したというのである。

相手チームが決定的なミスを犯しても、巨人はそれを見逃すようになった。相手のミスを徹底的についてくるのが、広岡さんがいたころの巨人だった。それどころか、巨人みずからがミスをして自滅することが目立つようになった。野球が雑になって、Ｖ９時代のような緻密《ちみつ》さがなくなったことも、広岡さんは歯がゆく感じておられたようだ。

広岡さんは熱烈に巨人を愛していたことで知られる。広岡さんがおっしゃっていたのも、巨人が脈々と受け継いできた伝統が失われてしまったという意味なのだと思う。

そして、失われた伝統を巨人はいまだに取り戻せないばかりでなく、さらなる坂道を転がり落ちているように私には見える。いったい、なにがいまのような巨人の凋落《ちょうらく》を招いたのだろうか――。

四番とエースの不在

まずあげられるのは、四番とエースの不在である。多少の浮き沈みはあれ、巨人がいつの時代もその名に恥じない戦績を残してきたのには、しっかりした四番とエースがつねにいたことが大きかったと私は思っている。

古くは中島治康《はるやす》さん、川上哲治さん、青田昇さん、その後は王と長嶋が長らく不動の四番に座りつづけ、エースでは伝説の沢村栄治《えいじ》さんとヴィクトル・スタルヒン、別所毅彦《べつしょたけひこ》さん、藤本《ふじもと》（中上《なかがみ》）英雄《ひでお》さん、中尾碩志《ひろし》さん、藤田元司《ふじたもとし》さん、城之内邦雄《じょうのうちくにお》、堀内恒夫、高橋一三《かずみ》……といった名前がすぐに思い浮かぶ。

私の持論に「中心なき組織は機能しない」というものがある。しっかりした四番とエースがいるチームはつねに優勝争いに加わることができる。だが、いまの巨人には、そうした中心選手がいない。それが巨人凋落の大きな理由のひとつだと私は考えているのである。

疑問に思われる方がいらっしゃるかもしれない――「いまの巨人にも四番はそれこそはいて捨てるほどいるではないか。それなのになぜ勝てないのだ」と……。

たしかに近年の巨人は、毎年のように各チームで四番を打っていた選手をFAで獲得してきた。二〇〇五（平成一七）年シーズンでいえば、清原和博、タフィ・ローズ、小久保裕紀、高橋由伸、江藤智という四番経験者がいた。

しかし、私に言わせれば、彼らは「真の四番」とはいえない。

先ほど私は「中心なき組織は機能しない」と述べた。この言葉の意味は、中心をなす者がたんに自分の力を発揮すればいい、つまり「おれが打てばいい」ということだけではない。中心選手は「チームの鑑《かがみ》」でなければいけないということが含まれている。

そう、四番やエースの使命とは、ただ打てばいいとか勝てばいいとかいう、技量的なことだけではない。ほかの選手の模範であることが求められる
チームの中心選手が、野球に対して真摯《しんし》に取り組み、練習態度や自己管理においてしっかりした意識を持っていれば、それを見た周囲の人間は「自分もやらなければいけない」と自然に思うものである。それだけでチームはいい方向に向かう。逆に、中心選手が自己中心的であったり、ちゃらんぽらんであったりすると、チームにとってマイナスに働くことはいうまでもない。中心選手の意識と行動がチームの方向性を決定する。

現役時代の私は四番を打っていた。バッティング練習などでは「おまえら、おれの打ち方をよく見ておけよ」という気持ちでいつも練習したものだ。だから、ちょっとしたケガくらいでは休まなかった。「全試合に出場し、つねに打線の中心にいる」ことも四番の大切な使命だからである。自分勝手な理由で試合を休んだり、ケガで長期離脱したりするようでは、四番の責任を果たせない。真の四番とはいえない。

ＯＮのあと何人の選手が巨人の四番に座ったのかは知らない。が、松井秀喜をのぞいて

彼らはいずれも「真の四番」とは呼べなかった。せいぜい原辰徳がかろうじてその任を果たしたといえるくらいだろう。

エースも同様である。斎藤雅樹、槙原寛己《まきはらひろみ》、桑田真澄のあと、名実ともにエースと呼べる投手は見当たらない。いまは上原浩治がその座にあるのだろうが、私が見るところ、彼は能力的には充分エースと呼ぶに値するものの、心理面ではまだその域に達していない。「チームの鑑」になっているとは思えない。

これは上原にかぎったことではないが、最近のエースと呼ばれる投手を見ていると、チーム優先主義をはきちがえているとしか思えない。というのは、メジャーリーグの影響なのだろう、彼らは決まって投球数が一〇〇球もしくは一二〇球を超えると降板する。だが、アメリカと日本では事情がちがう。アメリカでは中四日のローテーションがふつうである。対して日本では一週間に一度しか登板しない。つまり、日本において「一〇〇球が限界」というのはまちがった固定観念以外の何物でもない。

最近の巨人はブルペン、すなわちリリーフ陣がこころもとないから、せっかくリードしてマウンドを降りても、逆転されてしまうケースが多い。上原にもそれはわかっているはずである。だとしたら、かりにもエースとしての自負があるならば、「自分が最後まで投げる」「勝つためにおれが投げる」と主張してほしい。それがほんとうの「チーム優先主義」である。

エースと呼ばれる投手は、たんに二〇勝するだけではいけない。負けないことも条件なのだ。常勝を義務づけられている巨人のエースであるならば、そのくらいの気概がなくては務まらない。

人脈優先にした純血主義の監督選び

三原脩《おさむ》――水原茂――川上哲治――長嶋茂雄――藤田元司――王貞治。かつての巨人は、しかるべき人物が監督の椅子を受け継いできた。言い換えれば、監督が次の後継者候補を見極め、育てていくレールが、ある時期までの巨人にはきちんと敷かれていたのである。これも巨人の強さの一端であり、伝統と呼ぶべき力だった。
しかるに、この後継監督選定という点でも、いまの巨人はおかしくなっている。渡邉恒《つね》雄《お》会長（当時オーナー）がいみじくも語ったように、いまの巨人の監督選びは読売グループの「中間管理職の異動」という意味合いが強くなってしまっている。それゆえ、結果が出なければ短期間で監督の首をすげかえるケースが巨人でも増えてきた。これではしかるべき後継者など育てられるわけがない。

しかも、その選定基準が「能力」ではなく、「人脈」になっている。「人脈」というのは、オーナー以下フロントのおぼえがめでたいとか、有力ＯＢと親密であるとかいう意味である。これでは上役のご機嫌ばかりをうかがっている課長や部長と同じで、強いチームなどできるわけがないだろう。

「監督が代わるときはいつでも、チームが弱いとき。弱くなったから監督を代えるのだ」と川上哲治さんは語っていたが、それならばそういう状態のときこそ「能力」が問われなければならない。「能力」が最優先されれば、これまでに広岡さんや森昌彦（祇晶）氏が起用されてしかるべきだった。

やはり長嶋が二度目の監督になったあたりからおかしくなった。王がもう一度やればよかったのである。長嶋というのは対マスコミということでは天才的である。誰にも真似できない。だが、はっきり言うが、監督としては失格である。選手を育てられないし、管理もできない。采配《さいはい》にいたっては勘とひらめきだけである。悪く言えば、ピエロなのである。王だって最初はうまくいかなかった。だが、もう少し我慢してやればよかったのだ。監督も育てるものだからである。

もうひとつ、巨人の監督はずっと「生え抜き主義」を採ってきた。ほかのチームの出身者はひとりもいない。私にはこのことのツケがいま出てきているように思えてならないのである。つまり、新しい血を注入してこなかったことも、現在の衰退を招いている一因になっている。

巨人関係者に言わせれば、「解説者や評論家として外で勉強させているではないか」というかもしれない。だが、どこかの監督を経験したあとで再び巨人のユニフォームを着るというのならまだしも、解説者や評論家を経験したからといってすぐ務まるほど、監督業というのは甘くない。

二〇〇五年、星野仙一に巨人が監督就任を要請したというニュースが流れた。私はそれを聞いて、「ああ、いいことだなあ」と感じた。緩みきったいまの巨人には、星野のような熱血漢の指導者が必要なのである。ＯＢにそうした人材がいないのなら、ほかから連れてくればいいのである。ただ、結局は星野の巨人監督就任は幻に終わり、またもやＯＢの原が就くことになったのだが……。

人気チームゆえの甘えの体質

いま、思わず「緩みきった」と述べたが、いまの巨人には、人気チームゆえの「甘えの体質」がはびこっている。

私がいた南海もヤクルトも、決して全国的な人気を持つチームではなかった。人気がなければ観客動員は見込めないし、メディアへの露出も少なくなる。当然、親会社の広告塔としての価値も下がってしまうし、チームの士気にも影響する。だから、どうしても強くならなければいけなかった。フロントも本気で勝ちたいと思った。

しかし、そのあとに指揮を執った阪神はちがった。弱くても甲子園のスタンドはいつもファンであふれていた。人気だけなら、ほかの球団がうらやむほどだった。それゆえ、フロントも現場も選手も勝つことに対する切迫感がなかった。

それはそうだろう。阪神の選手というだけで、関西ではタニマチと呼ばれるファンがちやほやしてくれる。マスコミの扱いだって、ほかのチームよりはるかに大きい。そればかりか、勝てないと「悪いのは監督だ、フロントだ」という風潮をマスコミがつくる。選手は無意識のうちに甘やかされ、勘違いしてしまうのもいたしかたない。その点ではヤクルトの選手のほうがはるかにおとなだった。そういう甘えの体質に染まっていたのが、私が監督に就任したときの阪神というチームであった。

私はなんとかしてそういう阪神の体質を変えようとした。しかし、志なかばで辞任せざるをえなくなった。そこで、後任として私が推薦したのが、阪急ブレーブスや近鉄バファローズの監督を務めた西本幸雄《ゆきお》さんだった。当時の阪神には「そこにいるだけで選手が怖さを感じるような監督」がふさわしいと思ったからである。西本さんは鉄拳《てっけん》制裁も辞さない熱血指導で知られていた。阪急時代には実際に選手を殴っているのを何度も見たことがある。だが、阪神はかつて西本さんに就任を依頼したことがあり、健康上の理由もあって、固辞されたのだという。

「それなら星野しかいない」

私はそう進言した。西本さんと同じく「熱血型」の星野なら、阪神の甘い体質や闘争心のなさを変えるのに適任だと考えたからである。星野監督が率いることになったその後の阪神の躍進はご承知のとおりである。むろん、星野は恐怖政治を行って選手を服従させたわけではない。ときにはおだてたり、ほめたりと、さまざまな手練手管を使って巧みに選手の心を掌握し、力を引き出す一方で、みずから金本知憲《かねもとともあき》の獲得に乗り出すなど効果的な補強を敢行し、戦力を整えた。

だが、それが成功した根本には、やはり星野特有の厳しさがあったのだ。星野がやってきたことで、たるんでいたチームにピーンと張り詰めたムードが漂うようになったのである。

星野が監督になる前の阪神と同じことが巨人にもいえる。

おそらく阪神以上に選手が甘やかされているにちがいない。なにしろ、全国的な人気という点では巨人は阪神とは比較にならない。阪神の選手以上にタニマチがやってくる。しかも、ある程度の成績を残して巨人の選手として現役を終えれば、傍系のテレビの解説者や新聞の評論家への道が保証されている。タレントに転進する人間もいる。そんな状況で、真剣に野球に取り組めるはずがないのである。

結果至上主義と人間学の欠如

ただ、そうした甘えの体質は、選手に高い人間性が備わっていれば、生まれるべくもない。そう、いまの巨人の凋落を招いた最大の原因は、やはり人間教育を怠ったことだった。のちに詳しく述べるつもりだが、巨人が九連覇を達成できた背景には、川上監督の厳しい人間教育があったればこそだと私は考えている。たんに強いだけでは、九年間も勝ちつづけるのは絶対に不可能である。

勝ちつづけるためには、人間教育が絶対に必要なのである。せっかく川上さんが模範的なリーダーシップのかたちを残したのに、どういうわけだかそれがいまの巨人には受け継がれていないのだ。

その最大の理由はやはり、巨人の結果至上主義にあるといえるだろう。王がいつか私にこう言った。

「ノムさんは巨人のユニフォームを着たことがないからわからないだろうけれども、巨人はつねに勝たなければいけないんですよ」

「何や、その言い方は！　ヤクルトだって勝たねばいかんわい！　どこだって夢は常勝だよ」

そう私は言ってやったのだが、常勝を義務づけられているがために、技術習得の指導ばかりに力を入れ、その裏の部分、そこまでのプロセスに目が行かない。すぐに結果を出すことを迫られるから、長期的展望に立って選手を育成できない。

だから即戦力の補強に走り、その結果若い選手の芽がつまれてしまう。二軍には決していい素材がいないわけではないのにいっこうに育ってこない理由も、こうした体質にあると思うのである。

だが、「人間は結果よりもプロセスでつくられる」という。

本気で勝ちたいなら、「人間教育に力を入れろ」と私は言いたい。

川上さんは少年時代、大変な苦労をされたと聞いている。私自身も母子家庭で育ったし、金田さんだって王だって、私と同世代の選手はみな多かれ少なかれハングリーを経験している。だが、巨人にかぎらず、いまの若い選手のなかには親に殴られたことがないどころか、叱られた経験すらない者がいる。親が殴れない、叱れない。個性を尊重するといっては甘やかす。すると当然、子どもはだんだん増長する。そうやって育ってきたプロ野球選手がいまは少なくないのである。

いまの野球に迫力がないといわれるのは、そうした理由も大きいのではないか。若い選手は異口同音にふたことめには「楽しくやりたい」と言う。それはいい。だが、野球がうまくなるためには単純作業の反復練習が欠かせないし、思いどおりにならない状況のなかで苦悩し、もがき苦しむことも絶対に必要だ。

それに「楽しむ」というのは、じつは非常に深い言葉である。私自身、野球について悩んだり、苦しんだりしたことは数え切れないほどあったが、それを「苦労」と感じたことは一度もなかった。私に言わせれば、「苦労」というのは「する必要がない」ことで苦しむことをいう。好きな野球をやっているのだから、悩んだり、苦しんだりするのはあたりまえ。それ自体が「楽しい」ことだったのである。だから、若い選手が、たんに草野球的な楽しみではなく、全知全能を駆使して野球をやることが「楽しい」というのなら、それは真のプロフェッショナルと呼んでいい。しかし、いまの選手がほんとうの意味で「楽しむ」という言葉を使っているのか、私にははなはだ疑問なのである。

たしかに昔といまは時代がちがう。

われわれの時代は否応なしにハングリーを経験させられた。貧乏から脱出するためのひとつのキッカケが野球だった。いまの選手のモチベーションはなんだろうと私は考える。満たされきった現在では、すぐには思い浮かばない。

ということは、いまの選手たちはそういうハングリーの状態をあえてつくっていかなければならないのである。だからこそ、野球を通じて人格が形成され、確固たる人生観がなくては満足な仕事はできないのだということを監督が教え、謙虚さ素直さを身につけさせる必要がある。それがおのずと成績向上につながり、伝統となっていくのである。

いまの巨人を見ていると、監督やコーチのほうが選手からなめられている。

「信は万物の素をなす」という。監督が信頼されなくては、強いチームなどできるはずもない。いまの巨人には、毅然《きぜん》とした厳しさを持ち、しっかりとした人間教育ができる指導者が必要である。

第三章　巨人はパイオニアである

巨人コンプレックス

私は南海ホークス時代、選手として四度（一九五九〈昭和三四〉年、六一年、六五〜六六年）、選手兼任監督として一度（一九七三年）、計五度日本シリーズで読売巨人軍と対戦した。結果は、一九五九年こそエース、杉浦忠の伝説的な四連投四連勝という超人的な活躍で日本一となったものの、その後は一度も勝つことができなかった。

たしかに当時の巨人は前人未到の九連覇（一九六五〜七三）に向かって驀進《ばくしん》していた時期であり、もっとも強かった時代であった。王貞治と長嶋茂雄、いわゆる「ＯＮ砲」の全盛期であり、戦力が非常に充実していた。しかし、南海だって近畿グレートリング時代を含め、一リーグ制の時代には二度優勝を飾っているし（一九四六、四八）、二リーグ制になってからも一九五一年からリーグ三連覇を達成するなど、戦績では決して負けていなかった。にもかかわらず、五九年を除いて南海は日本シリーズで一度も巨人に勝てなかった。西本幸雄さんが率い、五たび挑戦しながらすべて敗れ去った阪急ブレーブスをはじめとするパ・リーグのほかのチームも同様である。

二〇〇五（平成一七）年シーズンまでの巨人の通算成績は、四九一七勝三四二四敗二六一分。勝率五割八分九厘。一リーグ制の時代の九回を含めてリーグ優勝三九回。うち二〇回も日本一に輝いている。いったいなぜ、ほかのチームは巨人のひとり勝ちを許してしまう結果になったのだろうか。それをふり返ることは、かつての巨人とはどのようなチームだったのか、どこがすばらしかったのかということを語ることにもなる。

巨人コンプレックス――いまふり返ってみると、われわれが巨人に対して劣等感を抱いていたことが大きかったのだ。

逆に言えば、われわれが闘っていたころの巨人の選手たちは、つねに自信に満ちあふれていた。いつも胸を張ってプレーしていた。その姿が、われわれからするとこちらを見下しているように見えたのである。われわれは、巨人のユニフォームにおのずと気おされていたのである

たとえば、練習に使うボールである。南海は使い古した、たどんのように真っ黒なボールしか使えなかった。一方、巨人はいつもおろしたての真っ白なボールを練習球にしていた。新しいボールだから、バットに当たるとカーンという快い音がして、よく飛んでいく。グラブやバット、スパイクにしても、こちらは国産の不細工な恰好《かっこう》のものしか持っていな

いのに、巨人の選手がバッターボックスに入るのをひょいとのぞいてみると、彼らはローリングスやルイヴィとといった当時はめずらしかった舶来メーカー物を使ったり、身につけたりしていた。

万事がそんな感じだった。すべてがわれわれとはちがっていた。

これでは巨人コンプレックスを持つなというほうが無理だった。われわれはいわば、闘う前から「巨人」という名前に圧倒されていたのである。われわれは目の前の敵だけでなく、巨人という組織が持つ巨大な「無形の力」ともいうべきものとも格闘しなければならなかったのである。

それでは、こうした力とはどこからくるものなのだろうか。たんなる物理的な強さだけではなかったと私は思う。南海の戦績は巨人に劣らなかったし、三原脩監督が率いた西鉄ライオンズが巨人を下して三連覇を飾った時期（一九五六〜五八）もあった。にもかかわらず、巨人だけがずっとそういうオーラみたいなものを感じさせたのである。

それは、ひとことで言えば「伝統の力」ということになるのかもしれない。

コーチたちも含めて、当時の巨人の選手ひとりひとりは、「おれたちはおまえらよりもずっと進んだ野球をやっているのだ」という自覚と誇りを持っていたのだと思う。われわれパ・リーグのチームが「打倒・巨人」ということを最大にして最高の目標としていたのに対し、巨人の選手たちは「おれたちは日本のプロ野球をリードしているのだ」と考えていたのではないか。それがグラウンドでの、憎たらしいほどの迫力となって表れていたのだ。

進取の精神

七〇余年にわたる巨人軍の歴史は、そのまま日本プロ野球の歴史に重なる。そして、その間、巨人はつねに日本プロ野球におけるパイオニアであった。

周知のとおり読売巨人軍は、ベーブ・ルースやルー・ゲーリッグが中心となった全米選抜野球チームの来日に合わせて結成された全日本チームを母体に、一九三四年、「大日本東京野球倶楽部《クラブ》」として設立された。そして翌年には早くも第一回アメリカ遠征を敢行している。ちなみに、このとき世話役を務めてくれたフランク・オドゥール氏が「東京ジャイアンツ」というチーム名を勧めたことから、翌三六年に正式に「東京巨人軍」というチーム名になったそうだ。

それはともかく、ここで注目すべきなのは、巨人が球団設立後すぐに本場アメリカに武者修行に出かけたことである。ほかに手本がないのだから当然といえば当然だが、巨人は、職業野球すなわちプロ野球がスタートした一九三六年にも二回目のアメリカ遠征を行っているのである。

もっとも昭和一〇年生まれの私は、戦前の巨人の野球がどのようなものだったかをこの目で見たわけではないし、戦後になってもラジオから流れてくる巨人―阪神戦の戦況に一喜一憂するだけで、どんな野球がそこで行われていたのかは想像するしかなかった。それゆえ、藤本定義監督に率いられ、第一期黄金時代を築いた時代についてはもちろん、戦後三原さんのもとで戦争による弱体化から復活を果したころの巨人についても、ここで語ることはできない。

けれども、そうした「進取の精神」ともいうべきものは、その後も巨人というチームが一貫して持ちつづけていったものであり、だからこそ巨人は長らく自他ともに認める球界の「盟主」として君臨しつづけることができたのだ。

つまり、私が闘っていたころまでの巨人の選手たちは「おれたちが日本のプロ野球の歴史をつくっていくのだ」という気概と誇りに燃えて、野球に取り組んでいたのではないかと感じるのである。

一九三五年のアメリカ遠征は、大変な貧乏旅行にして強行軍だったと聞く。あるときなどは、雪の降り積もる山脈をバスで越えながら二〇〇マイル走り、一日二試合を行ったあと、翌日朝早くから再び同じ道をバスに揺られて、着いた先でまた試合をするなどということもあったそうだ。食事を満足にとる余裕もなく、バスのなかで塩むすびをほおばるというような感じだったらしい。それでも選手たちはいっさいの不平不満を口にしなかったという。「おれたちが日本野球の歴史をつくるのだ」という強い使命感がなければ、とてもできることではない。そうした気概がその後も巨人には脈々と受け継がれ、巨人だけが持つことのできる迫力となって、われわれにコンプレックスを抱かせる要因になっていたのである。

この、「自分たちはほかより進んだ野球をやっている」という意識を選手が持つことは、チームづくりにおいて非常に大切なことである。選手に自信を与えるだけでなく、監督に対する信頼と尊敬が生まれ、相手チームに対しては優越感や優位感を感じさせることができる。

私自身、ヤクルトの監督時代にはいかに選手たちに優位感を植えつけるかということに腐心したものだ。選手が優位感を持っていると、たとえ相手が奇策めいたことをしてきても、あわてることがない。逆に相手にとっては「何かやってくるのではないか」という疑心暗鬼が起き、勝手に集中力を乱して、ミスを犯すようになる。いわば目に見えない敵と闘わなければならなくなり、それがひいては劣等感につながっていくのである。同じことを当時のわれわれパ・リーグの人間は巨人に対して感じていたわけだ。

個々の才能に近代性をプラスした水原監督

私がプロの世界に入ったのは一九五四年である。そのころの巨人の監督を務めていたのは、水原茂さんだった。水原さんは巨人の第二期黄金時代を築いただけでなく、日本プロ野球全体の近代化に先鞭《せんべん》をつけた功労者でもある。

「水原、ただいま帰ってまいりました」という有名なあいさつとともに、シベリアでの長い抑留生活から帰国した水原さんが、四国・高松の旧制中学時代からの宿命のライバルであった三原脩さんに代わって巨人の監督に就任したのは一九五〇年だった。ちょうどプロ野球が一リーグ制から二リーグ制になった年で、水原巨人は一年目こそ三位に終わったが、翌五一年に王座を奪回すると、この年から三年連続日本一。五五年からはリーグ五連覇を達成し、第二期黄金時代を築いたと資料にはある。

私自身はそのころ、正捕手の座を射止めたばかりで、巨人のことをうんぬんする状況ではなかったが、水原さんについては忘れられない思い出がある。五七年だったと思う、シーズン開幕前のオープン戦で、南海は巨人と対戦した。その試合で三塁のコーチスボックスに立った水原さんが奇妙な動きをしているのが目に入った。しきりに腕をさすり、胸をなでたり、帽子を触ったりしている。

「何をやっているんだろうなあ」――それがわれわれの共通の思いだった。

「なんでユニフォームなんか気にしているんだ。キザなおっさんやなあ」

われわれは口々に言い合ったものだ。だが、じつはそれが日本ではじめて見るブロックサインだったのである。われわれが何をしているのかわからなかったのも無理はない。なにしろ当時の南海のサインといえば、「バンド（ベルト）をさわったらバント」、「あごをしゃくったら盗塁」というようなきわめて単純なもので、それも二〇年間変わっていなかったらしい。ほかのチームも大同小異だっただろう。あとで聞いたところでは、水原さんはかんたんなキーを出すだけで、実際はベンチからコーチがサインを出していたこともあったと聞く。

このブロックサインは、水原さんがその年のベロビーチキャンプから持ち帰ったものだった。水原巨人は、一九五三年にカリフォルニアのサンタマリアでキャンプを張ったのをはじめ、数回海外でキャンプを行い、そのたびに新しい戦術や戦法を貪欲《どんよく》に吸収した。ブロックサインのほかにも、水原さんはツープラトンシステム（相手が左投手を先発させてくることが予想される場合は右打者を並べ、右投手の場合は左打者を並べる戦術）もアメリカから採り入れた。

ワンポイントリリーフをはじめて導入したのも水原さんだったし、それまでは気楽なカウントで行っていたヒットエンドランを、監督のサインで、しかもツーボールのカウントで行うようにしたのも水原さんが最初だった。そもそも日本のプロ野球で「コーチ」をはじめて置いたのが水原さんだという。それまでは選手以外には監督しかいなかったのだ。

そのほか、試合の終盤に守備の得意な選手を投入する、いわゆる守備固めを戦術に採り入れたり、先発投手のローテーションというものを確立したのも、このころの巨人だったのではないか。ほかのチームでは一人の大黒柱が先発にリリーフにと大車輪の活躍をしていた時代に、巨人はエース級の投手を三、四人つねに揃え、順番に登板させていたのである。これもメジャーリーグからヒントを得たのだろう。

五一年に入団したハワイの日系二世、与那嶺要《よなみねかなめ》さんのスライディングも私を驚かせた。

アメリカンフットボールの選手でもあった与那嶺さんは、野手を吹き飛ばす猛烈なスライディングを日本に持ち込んだのである。ドラッグバントをはじめて敢行したのも与那嶺さんだった。そうしたプレーは、それまでの日本では見たことがなかったのである。

たしかに当時の巨人の戦力はすばらしかった。タレントという意味では史上最強といってもいいかもしれない。青田昇さん、川上哲治さん、千葉茂さんがクリーンアップトリオを務め、投手陣には別所毅彦さんや藤本英雄さんらがいた。

とはいえ、いずれ劣らぬサムライであるだけに、ともすれば「自分が結果を出せばいいだろう」と考える選手も多かったにちがいない。そうしたツワモノたちをひとつにまとめあげ、彼らの才能にシステマティックなベースボールをプラスしたところに、水原さんと巨人というチームのすごさがあった。

南海だってハワイでキャンプを行ったこともある。だが、われわれをはじめとするほかのチームは、そうした発想ができなかった。ただ巨人の野球の新しさに驚かされ、それを真似するだけだったのである。

人間教育に力を注いだ川上監督

ただ、私自身は水原監督時代の巨人にはそれほどのコンプレックスは感じていなかったのも事実である。はじめて出場した日本シリーズで四連勝したことも大きかった。鏡に自分のユニフォーム姿を映して、いかに恰好よく見せるか研究していたとか、型崩れしない鹿皮のパンツを身につけていたという逸話が残っているように、水原さんは非常にお洒落《しゃれ》でタレント性も豊かだった。新聞記者が「やあ、ミズさん」と気安く声をかけられるムードがあった。だが、失礼ながら、そのことがともすれば指揮官としての重厚さに欠けるというような印象を私に与えていた。そんな雰囲気がチーム全体に及んでいたように感じられたのである。

ところが、監督が川上哲治さんに代わったとたん、巨人の雰囲気がガラッと変わった。そのことを私は鮮明に覚えている。どこかピーンと張り詰めたようなムードがチーム全体を覆いはじめたのである。川上さん自身もベンチにデーンと座り、とても「カワさん」などと話しかけられる雰囲気ではなかった。寺で坐禅《ざぜん》をしたり、品格、人格を高める修行に精を出されたという。

川上さんが「選手の人間教育に力を入れている」と聞いて私は、「なるほど」と思った。

そして同時に、脅威を感じたものだ。

あれだけの選手が集まれば、優勝するのはそうむずかしいことではないだろう。しかし、勝ちつづけるとなると、話は別だ。連覇のためにいちばん気をつけなければいけないのは油断と気の緩みである。私自身、ヤクルト時代三回日本一になりながら次のシーズンはいずれも四位に落ち込んだ経験があるから、よくわかる。ほかのチームが束になって向かってくるのだから、今度はかんたんにはいかない。だからこそ、指揮官は「優勝は過去のこと。新たな気持ちで臨もう」と鼓舞するのだが、どうしても選手はホッとしてしまうのだ。そうならないためには、選手につねに上を目指すことを自覚させなければならない。努力することの大切さを教え込まないといけない。そのために人間教育が必要なのである。

川上さんの有名なエピソードに、解説者時代に淡口憲治《あわぐちけんじ》のことを「この選手は親孝行だから大成しますよ」と語ったというものがある。このエピソードは「親孝行と野球とどんな関係があるのだ」と川上さんのアナクロニズムを揶揄《やゆ》する意味で引用されることが多いが、私は「もっともだ」と感じ入ったものだ。

その選手が親孝行ならば、もっと野球がうまくなって給料を上げてもらい、親に楽をさせてやろうと考えるだろう。素直な性格で、監督やコーチのアドバイスにも積極的に耳を傾けるはずだ。これで成長しないわけがない。おそらく川上さんはそう考えたのだと私は思う。

私も同感である。親孝行とは、言い換えれば感謝の心である。感謝の心こそが人間としての出発点であり、成長していくうえでもっとも大切なものだ。そして、そうしたひとりひとりの成長の集大成がチームとしての発展につながっていくというのが私の持論である。だからこそ、選手の「人づくり」が監督の仕事のなかで大きなウェイトを占めると私は考えている。

川上さんは、油断やうぬぼれの怖さ、勝負の怖さを誰よりも知っておられたのだろう。当時のキャッチャーだった森昌彦氏の話では、川上さんは選手との会話や説教では野球の話はほとんどせずに、そうした人間としての教育に多くの時間を割いていたそうだ。それを聞いて、私は巨人の強さの秘密の一端が理解できた気がしたのである。

川上監督の先進性

選手に厳しい人間教育を施す一方で、前にも述べたが川上さん自身も坐禅を組んだり、庭石に凝ったりした。そのため、傍目《はため》には川上さんはガチガチの精神論者にして保守主義者と映ったかもしれない。しかし、V９時代の巨人をつぶさに観察すれば、進取の精神という意味でも、ほかのチームをはるかに凌駕《りょうが》していたことに気づくはずだ。

その第一は、有名な「ドジャースの戦法」を導入したことである。先ほど私は、「水原さんが日本プロ野球の近代化の先鞭をつけた」と述べたが、誤解を恐れずにいえば、水原さんはメジャーリーグのスタイルや戦術を日本に「紹介」したにすぎなかった。だが、川上さんはさらに進んで、それらをみずから消化し、チームづくりや戦術において実践したはじめての監督だったと私は思っている。その基礎となったのが「ドジャースの戦法」だったのである。

一九六一年に川上さんが監督になったときの巨人は、決して豊富な戦力を有していたわけではなかった。三割バッターは長嶋茂雄ひとりだけ。王貞治は一本足打法をあみだす前で、チーム一の一七本塁打を放ったものの、一方で「三振王」と野次られるほど安定感のないバッターだった。投手陣もエースだった藤田元司さんが盛りを過ぎて肩痛で苦しんでおり、頼りになるのは前年に二九勝をマークして新人王に輝いた堀本律雄くらい。ほかに二桁《けた》勝利をあげたのは伊藤芳明《よしあき》だけだった。チーム打率、防御率ともリーグ最低といってもよかったのである。

このチームでいかにして勝てばいいのか——川上さんが思案していたときに出合ったのが、『ドジャースの戦法』という一冊の書物だったという。しかも、そのドジャースがキャンプを張っているフロリダ州はベロビーチのドジャータウンで、巨人も春季キャンプを行うという僥倖《ぎようこう》にも恵まれることになった。

そのころのドジャースにもONのような柱となるスーパースターはいなかった。頼りになるのはエースのドン・ドライスデールくらいで、チーム打率にいたってはナショナル・リーグ最低といっても過言ではなかった。にもかかわらず、ドジャースはつねにナ・リーグの上位をキープし、一九五九年には優勝を飾っていた。

その秘密は堅守とチームプレーにあった。

「チームプレーとはチームワークである。ひとつのプレーに全員が参加する。勝つために全員が力を合わせることが大事なのだ」

そう言って川上さんは、「少ない得点を隙のないチームプレーで守り抜く」ドジャースのスタイルを懸命に学んだ。『ドジャースの戦法』を著したアル・カンパニスからも直々の指導を受けたという。選手に対しては「彼らの真剣な態度に学べ。とりわけ精神面を学べ」と厳しく言い渡したそうだ。

「あのキャンプがすべてだった」

のちに森氏がそう語っていたように、このときに吸収した戦術や戦法がV9の基礎となり、ひいては現在のプロ野球全体のスタンダードとなったのはまちがいないところである。

だが、見過ごされがちなことだが、川上さんの革新性はそれだけでは終わらなかった。戦術や戦法はどんなに斬新《ざんしん》であっても相手から研究され、同じことをやられてしまえば、アドバンテージは失われてしまう。勝ちつづけるには、それをベースにさらに新しいものを加え、磨いていかなければならない。川上さんは、ベロビーチキャンプで導入したドジャースの戦法に、毎年のように新しい戦術やスタイルをつけ加えていった。そこに川上さんのほんとうのすごさがあると私は思っているのである。

たとえば、投手として入団してきた柴田勲の才能をいち早く見抜き、日本初のスイッチヒッターとして育てた。これは、ベロビーチキャンプでドジャースの切り込み隊長だったモーリー・ウィルスを見て、着想したそうだ。柴田の成功により、その後スイッチヒッターは激増し、いまでは少しもめずらしくなくなっている。

また、一九六五年に宮田征典《ゆきのり》をリリーフの切り札として起用したのも川上さんである。そのころの日本の野球は先発・完投があたりまえで、リリーフはいわば二線級投手の仕事。

勝ち試合になれば、前日登板したエースが抑えの切り札として登場することもめずらしくなかった。そんな時代に川上さんは抑えの専門家を置くことにしたのである。

結果、宮田は「八時半の男」と呼ばれ、いまでいうクローザーという役割をまっとうした日本で最初の投手となった。以降、各チームが抑え専門の投手を置くようになったのは周知のとおりである。かくいう私も、南海の監督時代に佐藤道郎《みちお》をリリーフ専門に使い、阪神タイガースからやってきた江夏豊には「革命を起こしてみないか」と説き、ストッパーに転向させたことがあったが、その意味でほんとうに革命を起こしたのは川上さんだったのである。

ほかにもさまざまなトリックプレーやサインプレーを川上巨人は生み出した。また、コーチの役割分担と責任を明確にし、大幅に権限を委譲するだけでなく、名参謀といわれた牧野茂さんや王の師匠となる荒川博さんといった「外様《とざま》」のコーチを採用し、ランニングコーチとして野球とは無縁の鈴木章介《しょうすけ》さんを招きいれたりもした。「哲のカーテン」と呼ばれるような一線を報道陣とのあいだに画す一方で、日本初の広報係を置いたのも川上さんだった。それまでどの監督もやらなかったことを川上さんは平然とやってのけたのである。

結局、いまではあたりまえのものとなっている近代野球のスタイルやシステムのほとんどすべては、巨人が日本に持ち込んだものなのである。つねに巨人が先陣を切り、ほかのチームはそれになんとか追いつくだけで精一杯であった。そのことが巨人の選手には「おれたちはおまえらとはちがう野球をやっている」という自信を植えつけ、ほかのチームの選手には「また何か新しいことをやってくるのではないか」と感じさせ、コンプレックスを与えてしまう結果となったのだ。

V9時代の巨人は、あまりに強すぎたため、とかく「おもしろくない」とか「勝負にこだわりすぎだ」という批判を浴びたこともあった。けれども、それに対して巨人の選手は気にすることはまったくなかったという。

当時のある選手がこう語っている――「われわれはおもしろくておもしろくてしかたがなかった。ほかがやらないこと、新しいことをおれたちはやっているんだというプライドがあったから。だから負けられないし、負けないのは当然だという意識がみんなにあったのです」。

第四章　Ｖ９巨人にある手本

チームの鑑だったON

私は一九七〇（昭和四五）年に南海ホークスのプレイングマネージャーになったのを皮切りに、九〇（平成二）年から九八年までヤクルトスワローズ、九九年から二〇〇一年まで阪神タイガースの監督を務めた。そして、齢《よわい》七〇にして二〇〇六年のシーズンからは東北楽天ゴールデンイーグルスで四たび指揮を執らせていただくことになった。

チームを預かることになったとき、いつも私が手本としてきたのは川上哲治監督であり、川上監督が率いたV9時代の巨人というチームであった。私の頭のなかには、つねにV9巨人のオーダーがあり、いかに自分のチームをそこに近づけるかということを考えてきたのである。

それではV9巨人のどこがすばらしかったのだろうか。

まずはなんといっても王貞治と長嶋茂雄、すなわちONの存在をあげないわけにはいかない。ONは長らく巨人の三番、四番に座りつづけ、つねにチームの中心でありつづけた。

ただし、私がこのふたりを高く評価するのは、彼らが記録や数字を残したからという理由だけではない。彼らが中心選手としての役割と責任をまっとうしていたという事実が大きいのである。私は「中心選手はチームの鑑《かがみ》でなければならない」と述べたが、王と長嶋は、まさしくそうであった。ほかの選手の模範でありつづけたのである。そこが凡百の「四番」とONのちがうところなのである。

忘れられないエピソードがある。私が現役だったころの話である。あるとき、銀座で呑《の》んでいた。すると、王が友人や知人をともなって同じ店にやってきた。それで合流して一緒に呑んでいたのだが、九時を少し過ぎたころだったろうか、王が私のところにやってきて、こう言った。

「ノムさん、申し訳ないけれど、お先に失礼します」

「どこに行くの?」と訊ねると、「いや、荒川（博）さんを待たせているから……」。

いうまでもなく荒川さんとは、ともに一本足打法をあみだした王の師匠である。

「宴たけなわなんだし。ワンちゃん、電話して断れよ」

「いやあ、それはできないです」

そう言って、王は帰っていった。そのころの王は、すでにホームラン王を何回も獲得している超一流のバッターだった。にもかかわらず毎日、荒川さんのもとに通い、個人練習に努めていたのである。当時、私はホームランの通算記録でまだ王より上にいた。しかし、そのまま呑みつづけながら私は思ったのである――「ああ、いずれおれはこいつに抜かれるなあ……」と――。

どうしても気になったので、後日私は荒川さんにお願いして王の練習風景を見せてもらった。私は思わず息を呑んだ。王は、真剣で紙を切る練習をしていた。それはもう、殺気だっていた。とてもじゃないが「よう、ワンちゃん。そこがちがうんじゃないか」とか気軽に声をかけられる雰囲気ではない。

「すごい……」

素直に私は思った。王の素振りに較べれば、私のそれなんて遊びだった。そしていま、あれだけの記録をつくったのは不思議でもなんでもなかった、至極当然だったと思う。「天才」といわれた長嶋だって、野球に対する姿勢は王に匹敵するものがあった。それこそ血を吐くほどの努力をしていた。

ふつう、そのクラスの選手になれば、多少なりとも練習では手を抜く。「おれのことはおれがいちばんわかっている。練習しなくても身体がわかっている」というような口実をつくって、適当に休むものだ。そして、周囲もそれを認めてしまう。

しかし、王と長嶋の場合は、バッティングでも守備練習でも「そんなにやらなくてもいいのに……」と周りが思うくらい、真剣に取り組んでいた。少々のケガでは試合を休まなかった。オープン戦ですら、すべて出場していた。

当時の控えだったある選手が私にこう語ったことがある。

「王と長嶋は、まさしく鑑だった。彼らは練習でもいっさい手を抜かず、目一杯やる。だからわれわれもうかうかしていられない。彼ら以上にやらなければならないんだ」

ＯＮは、たんなる数字以上の影響をチームに与えていた。このふたりの存在が、九連覇の最大の原動力となったのは疑いの余地がないところだろう。

適材適所のV9打線

このＯＮを中心に川上さんは、九つのポジションと九つの打順、それぞれの条件にピタリと適合した、まさしく「適材適所」のオーダーをつくり上げた。

野球というスポーツは、すばらしい資質をもった選手を九人集めれば勝てるかといえば、決してそんなことはない。というのは、野球は個人競技ではなく、団体競技だからである。九つの打順とポジションには、それぞれの役割がある。それを無視して個人競技にすぐれた人間ばかりを集めても必ずしも優勝できないということは、いまの巨人を見れば明らかだろう。だからこそ、九つの役割にピタリと合う選手を集めて育成することのほうが重要なのだ。

それに、「打線はつながりが大事」とよくいわれるが、じつはバッターというのはその打席で結果を出すことに精一杯で、せいぜい「ヒットや四球で塁に出るか、走者を進めて、次の打者につなげよう」というくらいにしか考えていない。だが、守っている側はちがう。「こいつを出したら四番まで回ってしまう」とか「次の打者は小技がうまいから、何か仕掛けてくるかもしれない」というふうに、いろいろ考えるものなのだ。つながりというのは、相手が意識するものなのである。だからこそ、打順はいかに相手をいやがらせるかを考えて組む必要があるわけだ。

V9打線はまさしくそのことを具現化している打線だった。一番は出塁率が高くて盗塁もできる駿足《しゅんそく》の柴田勲、二番はバントやヒットエンドランといった小技がうまく、追い込まれても右に左にと打ち分けられる土井正三。これを三、四番にどっしりと座ったONが返し、高倉照幸《たかくらてるゆき》や末次利光《すえつぐとしみつ》といった強打の五番が後押し。そして一、二番も務められる高田繁、黒江透修といった足の速い、なんでもできる選手を下位に置き、もう一度チャンスをつくる……。時代によってON以外の打順を多少入れ替えたり、「泣きどころ」といわれた五番をはじめ選手が代わったりしたが、基本はいつでもそういう打線であった。「勝つ」という目的のもとに、ON以外は脇役に徹し、自分の役割を黙々と果たす選手が集まっていた。

いまならそういう打線を組むのは常識である。だが、当時は画期的だった。なにしろ南海の一番は、鈍足で有名な穴吹義雄《あなぶきよしお》が打っていたくらいである。ほかのチームも大同小異。唯一、三原脩さんが西鉄ライオンズの監督時代に二番に豊田泰光《とよだやすみつ》さんのような強打者を置く、独特の「流線形打線」を組んでいたことがあるが、多くは三番、四番以外はただ適当に並べていただけだった。そんな時代に川上巨人は、明確な意図と目的をもって、不動のオーダーをつくりあげたのである。それがいまのモデルケースとなっているわけだ。

そもそも川上監督だって、いまの巨人のように四番を集めようと思えばできたはずである。だが、そうはしなかった。その理由は、そんなオーダーを組んでもチームとして機能しないことを川上さん自身がわかっていたからだろう。

V9を支えた森氏のインサイドワーク

「優勝チームには名捕手あり」の時代である。現在はピッチャー受難の時代と言える。マシンの導入、ビデオの活用、用具の進歩といった理由で、バッターのほうがはるかに有利になっている。かつてのように投手が力だけでバッターを抑えることはできなくなった。それだけに、キャッチャーの果たすべき役割は非常に大きいといわざるをえない。より高度なインサイドワークが求められるわけだ。

それに、野球というスポーツは、守備においてはキャッチャーが指示を出すようにできている。ピッチャーへのサインを出すだけでなく、味方選手の守備位置や隊形への指示も出すし、作戦の方針（一点やってもアウトを増やすのか、それとも失点を阻止しにいくのかといったこと）を立て、相手の作戦を見破らなければならない。これらはすべて捕手の仕事となる。だからこそ「捕手は監督の分身である」と私はつねづね言っているのである。

であるならば、V9巨人を語るにはやはり森昌彦（祇晶）氏の存在に触れないわけにはいかないだろう。森氏は私より一歳年下である。同世代といっていい。リーグはちがったが、「ぼやきの野村、愚痴の森」と、よく比較されたものだ。

私は巨人ファンだったから、できることなら巨人に入りたかった。テストを受ければ、入団できる可能性はあったかもしれない。

しかし、そうしなかった。

なぜか。

巨人では絶対に試合に出られないと思ったからである。

当時の巨人の正捕手はハワイ出身の広田順さんだったと記憶しているが、私がプロ入りする前の年に藤尾茂《ふじお》さんという選手が入団していた。藤尾さんは甲子園のスターとして鳴り物入りで入団した強肩強打の捕手で、一年目から試合に出ていたほどの逸材だった。レギュラーポジションを獲得するのは時間の問題だった。

しかも、私と一歳しかちがわない。藤尾さんに追いつき、追い越すことなんて不可能だと思えた。それで私は、なんとか試合に出られそうなチームを探し、テストを受けて南海に入団したのである。ところが、ひとつ年下の森氏は、その藤尾さんを押しのけて正捕手の座に就いたばかりでなく、その後も次々と現れるライバルたちを蹴落《けお》として、巨人のホームベースを守り通したのである。

強肩でも強打でもなかった森氏に、どうしてそんなことができたのだろうか。私にはそれが不思議だった。森氏に直接訊《たず》ねたこともない。が、いま思えば、その秘密はやはり彼の頭脳にあったのだろう。

森氏は岐阜高校時代、東大にも進学できるほど学業優秀だったというが、ほんとうに研究熱心だった。日本シリーズの前になると、私の家に泊まりがけでやってきては、対戦チームの情報を聞き出そうとした。野球の話になると、止まらなかった。私が別の話題を持ち出しても、いっさい乗ってこなかった。すぐに野球の話に戻すのである。私も巨人がどういう野球をしているのか、森氏がどのような捕手論を持っているのか興味があったから、夜を徹して語り明かした。

彼は、私のように「配球とはこうである」という言い方はしない。「あのバッターにはこういう状況のとき、一球めにこう入って打たれた」というふうに具体的なケースを話す。「ああ、そういう考えもあるのか」と、私自身も森氏がしゃべったことをメモに残し、ずいぶんいろんなことを吸収した。

森氏は、バッティングや肩で藤尾さんと勝負する気持ちははなから捨てていたようだ。代わりに、インサイドワークで勝負しようと考えたのである。控えのときから進んでブルペンキャッチャーを務め、誰がどんな球種を持っているのか、試合でどのボールを組み合わせればいいのか、徹底的に考えていた。ベンチに座っていても、自分が試合に出ていたらどうするか、この打者は何を狙っていて、それならどんな球を投げさせればいいのか、そんなことをいつもシミュレーションしながら見ていたという。同時に各チームの打者の細かな癖をチェックして、逐一書き留めていった。そうやってたまっていったメモは膨大なものになったらしい。

対して藤尾さんは、やはり古いタイプのキャッチャーだった。よくいえば野武士のように豪快、悪くいえば何も考えていないに等しい。言い換えれば、当時はまだまだキャッチャーにはリードよりも身体の頑丈さや強肩、打力が求められる時代だったのである。

だが、巨人の、そして日本の野球は変わりつつあった。水原茂監督時代に巨人がアメリカに行って近代野球に目を見開かれたことで、個人技よりもチームプレーが重視されるようになったのである。当然、守備の要としてのキャッチャーの役割と責任も飛躍的に大きくなりつつあった。

水原監督に期待されていた藤尾さんは、選ばれてベロビーチでのキャンプに参加したそうだ（ブロックサインを持ち帰ったときである）。ところが、そこで教えられた細かいプレーをなにひとつ理解していなかったため、水原さんを落胆させたという。藤尾さんは打力を活かすために外野に回ることが多くなり、代わりに森氏がキャッチャーとして起用されるようになるまで、それほど時間はかからなかった。

ハングリー精神がライバルたちを蹴落とす

川上さんも森氏を重用した。川上さんの志向した組織野球には、森氏のインサイドワークがやはり欠かせなかったのだろう。しかし、だからといって森氏は安閑とはしていられなかった。次々と入団してくるライバルたちと闘わなければならなかったのである。

「なんでキャッチャーばかり獲るかなあ……」

森氏が私によく愚痴っていたように、巨人は一九六〇年に明治大学の佐々木勲《いさお》、平安高校の野口元三《もとぞう》という逸材を獲得したのを皮切りに、六三年に慶応大学から大橋勲、六四年に東洋大学の宮寺勝利《かつとし》を、六五年には市神港高校から吉田孝司、六七年には立教大学の槌《つち》田《だ》誠三《せいぞう》（誠《まこと》）、中京商業高校の矢沢正ら、強力な捕手を毎年のように補強した。なかでも推定四〇〇〇万円の契約金で入団してきた六大学のスター大橋は最大のライバルで、森氏も非常に脅威を感じていたらしい。川上さんも露骨にふたりの競争心をあおったそうだ。

結果的に森氏は、インサイドワークを武器にそうした競争を勝ち抜くわけだが、それが可能だったのには、彼のハングリー精神と監督の理解もあげられると思う。

私がプロ野球選手になろうと思った最大の理由は、金を稼ぐためである。父親を早くに亡くした私の家は貧乏だった。母親も大病を患ったため、家計は主として兄がアルバイトをして支えた。私が野球をつづけられたのは、兄のおかげである。その恩に報い、なんとか家族に楽をさせてやりたい——そう思って私はプロ野球の世界に足を踏み入れたのである。

森氏も同じだった。森氏が大学進学をあきらめてプロ入りしたのは、お父さんが事業に失敗して借金がふくらんだためだと聞いている。私と同じく、彼もどうしても野球で身を立てなければならなかったのだろう。いくら強力なライバルが入ってきたとはいえ、負けるわけにはいかなかったのである。

そんな森氏の真骨頂ともいえるのが、一九七一年の阪急ブレーブスとの日本シリーズだった。このシリーズでは、のちに盗塁世界新記録をマークする福本豊の足をいかに封じるかが巨人勝利のカギといわれていた。福本には私もずいぶん悩まされた。福本の出現で、各球団はクイック投法や牽制《けんせい》に力を入れだした。その意味で福本は「足で日本球界に革命を起こした男」である。相手チームのバッテリーにとっては、福本はそれほど脅威だったのである。しかるに、森氏はお世辞にも強肩とはいえない。走られ放題になるのではないかというのが下馬評だった。

ところが、その初戦で森氏は見事に福本を刺したのである。しかも二塁ベースの一メートルも前で……。以降、福本はまったく走れなくなった。結果、巨人は四勝一敗でシリーズを制したのである。

聞けば、セ・リーグの優勝が決まったあと、徹底的にスローイングの練習をくり返したのだという。そのためにバッティング投手まで務めたそうだ。「日本シリーズという大舞台で恥をかかされては、おまんまの食い上げだ」と言いながら……。

各ポジションで繰り広げられた競争

捕手にかぎらず、V9時代の巨人ではどのポジションでも熾烈《しれつ》な競争が繰り広げられていた。ドラフト施行前の自由競争の時代だったからこそ可能だったのはたしかだが、川上さんがレギュラー選手の刺激剤として、あえてそうしむけていたのも事実だろう。

たとえば、広岡達朗さんが守っていたショートには、船田和英《かずひで》、土井正三、黒江透修といった選手が入団してきた。広岡さんは言っている。

「シーズンオフになっても、気が休まる暇がなかった。次はどんなのが来るのかと……。

レギュラーを怠けさせないように、意図的にやっていたと思う。それも巨人の強さの秘密の一端だった」

つまり、Ｖ９時代の選手たちは、相手と闘う前にまず味方の選手と闘わなければならなかったのである。少々のケガで休もうものなら、たちまちレギュラーの座を奪われてしまう。エラーや失敗をしたりすると、味方ベンチから痛烈な野次が飛んだそうだ。

対照的だったのが、私が監督に就任したころのヤクルトである。ある選手がエラーをしてベンチに戻ってきたことがあった。すると、控え選手が「ドンマイ、ドンマイ」といって迎えたのである。それを聞いた私は烈火のごとく怒った。

「ミスを笑って許すとはなにごとだ！　おたがいの傷をなめ合うのは、アマチュアのやることだ。闘うプロの集団のやることではない！」

当時のヤクルトはいわば「家族的集団」だったのである。だから弱かったのだ。以来、ヤクルトではなぐさめの言葉はいっさい禁止になった。それどころか、たとえば中継プレーの位置どりといった、おたがいのプレーをめぐって、口論さえするようになった。それにともなって成績も向上していったことはいうまでもないだろう。

Ｖ９時代の巨人では、そんなことが日常的に行われていたにちがいない。森氏や広岡さんだけでなく、王でさえ誰かにいつもおびやかされていた気がしていたという。王も語っていたものだ。

「上に行けば行くほど、悩みや不安が大きくなる。それを打ち消すために練習に打ち込んだものです」

ドジャースの戦法を採り入れチームプレーを徹底

が、やはりV9巨人の最大の功績であり、私にも大きな影響を与えたのは、「ドジャースの戦法」を採り入れながら、日本プロ野球の近代化を推し進めたことである。

それでは「ドジャースの戦法」とは何か。ひとことでいえば、野球のシステム化である。チーム全体が効率よく有機的に連係して、組織的な野球を展開するわけだ。

そして、それはとくに守備面において重要になる。もっとも単純な例をあげてみよう。

たとえば打球がファースト方面に飛んだとする。すると、ピッチャーは速やかにファーストのカバーに入る。

ピッチャーゴロの場合なら、それを処理したピッチャーがファーストに送球したとき、セカンドがやはりファーストのバックアップに走る。組織プレーの基本中の基本である。

いまなら少年野球だってやっている。けれども、当時、チームとしてきちんとそれを練習させているところはなかった。

「ドジャースの戦法」の最たるものがバントシフトである。それまではバッターがバントのモーションを見せてから内野手がダッシュしているのがふつうだった。そうやって一塁でひとつアウトを確実に取ればよかったのである。

だが、巨人の場合はちがった。次の球であえてバントをさせると決めたら、一塁手はピッチャーのセットポジション中にスタートを切る、そしてピッチャーはバントのしやすいストレートを投げる。一塁の王と三塁の長嶋が猛然とダッシュしてくる。あらかじめバントをさせると決めているのだから、思い切って動くことができる。そして二塁でランナーをフォースアウトにするのである。

バントをさせずに一塁ランナーを牽制《けんせい》で刺すケースもあった。通常のバントシフト同様、一塁手と三塁手はピッチャーのモーションと同時に前に動く。それを見たランナーは大きく塁を離れる。しかし、今度はピッチャーがバントをさせないボールを投げ、キャッチャーが間髪をいれず一塁のカバーに入ったセカンドに送球し、ランナーを殺すのである。

つまり、バントをさせるかさせないかを守備側が決めるわけだ。ここに「ドジャースの戦法」の革新性があった。

もちろん、攻撃においてもチームプレーは存分に発揮される。

たとえば、一番バッターはフライを上げてはいけない。一番はなにより塁に出ることが優先される。したがって、少しでもその確率が高いゴロを打たなければならない。ボールを転がせば、内野安打やエラーをしてくれる可能性があるからである。あるいは一塁ランナーは盗塁すると見せかけて、投手を盛んに牽制する。一塁手は牽制球を受けるためにベースに張りついていなければならない。すると一、二塁間が大きくあいて、バッターはそこに転がせばヒットになる確率が高くなる。

こうしたプレーは、巨人以外のチームはいっさい行っていなかった。すべて巨人が日本に持ち込んだものなのである。そんなプレーがサインで行われているなどとは、ほかのチームは夢にも思わなかったのだ。だから、「おもしろいように決まった」と森氏は語っていた。

勝つためにはスパイも辞さない

V9巨人は勝つためにはあらゆる手段を使った。川上さんは否定されているようだが、

「サイン盗み」もそのひとつである。

日本シリーズで巨人打線と対戦すると、いつも驚かされたことがある。彼らは全員ボール球にいっさい手を出さない。これはキャッチャーにとってはいちばん苦しいものなのだ。それだけではない。次にどんな球が来るのか見透かしているかのようにうまく打つ。これにはお手上げだった。

たとえば一九六五年の日本シリーズ、南海の一勝三敗で迎えた第五戦である。最終回、一打サヨナラという場面で、杉浦忠と私のバッテリーは打席に土井を迎えた。土井はルーキーであった。私は迷わず土井の苦手とするシュートのサインを出した。全盛期は過ぎていたとはいえ、杉浦のシュートは新人にかんたんに打てるものではない。ところが、土井はそれを待っていたかのように三遊間に転がしたのである。

「巨人の選手はボール球に手を出さないからなあ……」

南海のコーチだった蔭山《かげやま》和夫さんは嘆いていたが、あまりにそうしたことが重なるので、私にはピンとくるものがあった。

というのは、トレードで巨人から南海にやってきたある選手に「巨人はサインを盗んでいる」と聞いていたからである。ある年、某航空会社が両リーグ、日本シリーズのＭＶＰ

と優勝監督をヨーロッパ旅行に招待してくれたことがあり、たまたま柴田と一緒になったので、私は訊《き》いてみた。

「おまえら、サインのぞいていただろう」

柴田はニヤリと笑い、肯定も否定もしなかった。ずっとあとになって、森氏にも同じことを訊ねたことがあるが、そのときも森氏はすぐに話題を変えた。

ただし、私はこうしたいわばスパイ行為を完全に否定するものではない。われわれはアマチュアではないし、当時はルールに反していたわけでもなかった（その後禁止された）。あくなき勝利への追求心がそうさせたともいえるからだ。

それに、キャッチャーが出すサインを盗むというのは、口でいうほどかんたんなことではない。おそらくセンターのスタンドからスタッフが望遠鏡を使ってのぞき、それを解読したのだろう。これだけでも大変な労力だが、まあ、これはくり返せばなんとかなる。問題は盗んだサインをどうやってグラウンドの選手に伝えるかである。

この点でも巨人はうまかった。私の聞いたところではこうだ。ランナーが二塁にいる場合はこれが伝達役となる。ストレートのサインが出たときは、ランナーは二塁からピッチャー寄りに数歩前に出て、それからリードをとる。カーブの場合は、右投手ならライト方向にボールが流れるから、ランナーはライト方向に体重をかけてからリードをとり、シュートならその逆、つまりそのままリードする。ランナーがいないケースでは、センター後方の観客席に潜んでいるスコアラーがシグナルをベンチに送り、ベンチにいる控え選手が打者に教えていたそうだ。ただ、王だけは「必要ない」と断ったという。

敵ながら見事だった巨人の〝サイン盗み〟

こうしたスパイ行為を最初に行ったのは、西鉄時代の三原脩さんだといわれている。昭和三〇年代のはじめの話である。当時の南海に、早稲田大学から入団して一年目に二〇勝をあげた木村保《たもつ》さん（故人）という投手がいたのだが、西鉄だけにはひとつも勝てなかった。たしかに西鉄は強力な打線を誇っていた。とはいえ、それにしても打たれすぎる。そこでベンチに戻った私は、みんなに聞こえるようにつぶやいてみた。

「あいつら、サインのぞいているんじゃないのかなあ」

それを耳にした鶴岡一人さんは言下に否定した。

「バカもん！　プロだぞ、プロ。そんなことするわけがねえだろう！」

だから、鶴岡監督時代の南海はそうした行為はいっさいやらなかったし、実際、球界でも一時途絶えていたのである。それを巨人が復活させたのだ。昭和四〇年代に入ると、ほぼ全球団が行うようになっていたと思う。かくいう私も監督になってから試みたことがある。こちらはコツコツといろいろなデータを集めながら、ひとりひとりの打者の攻略法を考え、打たれたら「どうして打たれたのだろう」と配球をふり返り、組み立てなおしていたのに、それがのぞかれていると知ったときには身体の血が逆流するほど悔しかったからだ。仕返ししないと気がすまなかった。

振動する小さな受信装置

さっそく望遠鏡をかついだ偵察員をセンター席に陣取らせ活用した。時々大阪球場のライトが暗くて複雑なサインが見えなかったことがあった。貧乏球団ゆえ、高性能な望遠鏡は買ってもらえない。巨人のようにテレビ局や新聞社とのつながりもない。たまたまバッティングコーチが大手の電機会社に知り合いがいたので、バッターの足に電波を送ると振動する小さな受信装置をつけて、ベンチから知らせることはできないかと相談すると、「できる」という。さっそく試作してもらい、テストをすると成功した。ところが本番になると、なぜかバッターがベンチばかり見ていて、どうやら汗をかいていて、そのために振動しなかったらしい。それで結局やめてしまったという経緯があった。

話が脱線したが、それにしても巨人のやり方は見事だった。柴田の反応でサインをのぞかれていると確信した私は、次に日本シリーズで対戦したとき、いわば二段階のサインを試してみたことがあった。

やり方はこうである。ふつうのサインはしゃがんだキャッチャーが股間《こかん》から指で出す。だが、それだけでは見破られるので、通常のサインを出す前に巨人のベンチをうかがうふりをして、何気なく右手を膝の上に置き、その右手で第一のサインを出すようにしたのである。親指を人差し指で隠したらカーブ系、隠さなかったらストレート系というように……。そうしてから通常のやり方でカーブかスライダーか、あるいはストレートかシュートかという第二のサインを出したのである。

ところが、これも見破られたのだ。森氏にいわせると、「ノムさんの膝に置いた手の動きがぎこちなかったから、わかったんですよ一というのだが、私の親指の動きは微小なものであった。にもかかわらず、巨人はスパイを使ってまんまとサイン盗みに成功したのだろう。その秘密はいまだにわからない。

もうひとつ「すごいなあ」と驚かされたのは、こんなケースを目撃したときだった。柴田が一塁に出ると、顔はピッチャーのほうを向いているのだが、目はキャッチャーを見ていた。ピッチャーによっては自分の判断では牽制しない者もいる。

そこで、そんな投手が投げているときに、柴田は捕手が牽制のサインを出しているかどうかをチェックしていたのである。牽制にこないと確信したら、思い切って盗塁のスタートを切るわけだ。最近、ロッテの試合を見ていたら、小坂誠が同じことをやっていたが、柴田はすでに三〇年以上も前に行っていたのである。

それは教えられたのか、柴田が独自に発見したのかはわからない。だが、V9時代の巨人の選手は、それぞれが同じようなことを多かれ少なかれ試みていたのである。これも、ほかのチームにはない、巨人ならではの先進性だったといえる。

人間教育こそが九連覇の源だった

「あれだけのメンバーがいれば、誰が監督をやっても勝てる」

そうした批判は、つねに川上さんにつきまとった。いまでもそう信じている人は少なくない。

とんでもない誤解である。いまの巨人を見ればわかるではないか。いいメンバーを揃えればそれで勝てるわけではないのである。まして、九年間も日本一の座に座りつづけるなどということは、たんなる物理的な強さだけでは絶対に不可能である。

「ＯＮがいたから勝てたのだ」という意見も根強くある。これもいわれなき批判である。たしかに王と長嶋の存在は大きい。彼らが同じ時期に同じチームにいたというのは大変な僥倖《ぎょうこう》であり、だからこそあの打線が組めたという事実は私も否定はしない。

だが、先に述べたように、ＯＮの価値は数字だけではない。彼らはチームの鑑であったのだ。そして、彼らをそういう存在に育てあげたのは、まぎれもなく川上さんだと思う。しかも、つねに長嶋をたてる王の人間性が大きかったとはいえ、川上さんはふたりを並び立たせたのである。

それには巨人の伝統というものも影響していたかもしれない。いや、ちがう。川上さんのまじめな性格、曲がったことが大嫌いな性格が、それを可能にしたのだと私は思う。川上さんがそういう土壌をつくったのだ。

その源にあったものこそ、「人間教育」だったと私は考えているのである。人間教育に力を注いだからこそ、ＯＮを中心としてチームが一丸となって九連覇に邁進《まいしん》できたのだと……。

川上さんのご子息である貴光さんの著書『父の背番号は16だった』によれば、川上さんは「トイレのスリッパをきちんと揃えて脱げ」と選手に命じていたという。「あとに使う人のことを考えろ」という意味である。川上さんはそうした人間としてのマナーについて厳しく注意した。ミーティングでもチームプレーのもととなる「和」といった心の持ち方についてもうるさいくらい話されたそうだ。これらはチームプレーを徹底させるために、絶対に必要なことだからである。

こうも考えておられたという。

「プロの選手として働ける時間は短い。ほとんどの選手はその後の人生のほうが長い。ほかの社会に入っても、さすがはジャイアンツの選手だといわれるように、バカにされない人間にしておきたかった」

野村證券の社長だった瀬川美能留《みのる》さんや富士銀行の会長を務めた金子鋭《とし》さんに依頼して「無名会」という後援会をつくったり、川上さんが毎年通っていた正眼寺の梶浦逸外《かじうらいつがい》さんという住職を招いて、選手の前で講演を行ったりしたのも、そうした考えがあってのことだろう。

講演でもよく話すのだが、最近のプロ野球を見ていると、人間教育に力を入れている指導者がいなくなった。選手を「ほめる」指導が主流になり、選手を叱らない、怒らない。選手をおだて、気持ちよくプレーさせることがなによりも優先されるようになっている。

実際、そういうタイプの監督がやってくると、たとえば前任者と折り合いが悪く、それまでふて腐れていた選手たちが俄然《がぜん》やる気を出し、見ちがえるような力を発揮して、そのまま優勝してしまうことがある。マスコミもそれを「のびのび野球」などとはやしたて、「名監督」とたてまつる。だが、そうしたチームが連覇することはまずない。「のびのび」だけでは勝ちつづけることは絶対に不可能なのである。

人間教育をしなかった西本監督

西本幸雄さんという人がいる。ちょうど巨人が九連覇に向かって驀進《ばくしん》していた時期に、阪急ブレーブスを率いて、毎年のように日本シリーズで巨人に挑戦したが、ことごとく打ち砕かれた。その前の大毎オリオンズ時代、その後の近鉄バファローズ時代も含めて八回もパ・リーグを制しながら、とうとう一度も日本一にはなれなかった。それゆえ、「悲運の名将」と呼ばれることになった。

西本さんが育て上げた阪急というチームは、たしかに強かった。投手には米田《よねだ》哲也、梶《かじ》本隆夫《もとたかお》、足立光宏《あだちみつひろ》に加え、山田久志《ひさし》が頭角を現してきていたし、打線では福本豊、加藤秀司（英司《ひでじ》）、スペンサー、長池徳士《あつし》といった選手が全盛期を迎えつつあった。戦力的には決して巨人に劣らなかった。むしろ阪急のほうが上だったかもしれない。にもかかわらず、西本阪急は一度も巨人に勝てなかった。

なぜか。大先輩に対して非常に失礼だが、その理由は西本さんが人間教育をほとんどしなかったからだと私は信じている。

西本さんは鉄拳《てっけん》制裁も辞さない熱血漢で、指導は非常に熱心だったが、どういうわけかそれはバッティングにかぎられていた。バッティングに関しては来る日も来る日もバッティングケージのうしろに立って、それはもう熱心に根気よく、手取り足取り教えていた。だが、練習中にブルペンを訪れる姿を私は一度も見たことがなかった。あまりに不思議に思ったので私は訊ねたことがある。

「西本さん、どうしてブルペンに行かれないんですか。なんでピッチャーを見ないんですか？」

西本さんはこう答えた。

「だっておれ、ピッチャーのことはわからんもん」

おまけに「誰かいいピッチングコーチおらんか」と私に訊ねる始末だった。一事が万事で、私は西本さんと同じチームにいたことはないが、おそらく人間教育などほとんどされなかったのではないかと思う。その証拠に、当時の阪急のメンバーで指導者として大成した者はほとんどいない。監督を経験したのは山田くらいのもの。Ｖ９時代のメンバーのなかから西武の黄金時代を築いた広岡さんと森氏を筆頭に、藤田元司さん、長嶋、王という優勝監督を輩出しているのに較べると、やはり寂しいものがある。やはり、指導者になれば、人格や人間性も問われるのである。

私自身は西本さんを尊敬しているし、阪神の監督を辞任する際には後任として西本さんを推薦したほどである。弱いチームを情熱的な指導で強くする手腕にはすばらしいものがある。

ただ、勝ちつづけるためには、やはり人間教育が必要なのである。私は監督の仕事とは「チームづくり」「人づくり」「試合づくり」であると規定しているが、なかでも大切なのが「人づくり」だと考えている。人をつくって、はじめてチームづくりと試合づくりができるのである。西本さんにはそれが欠けていた。そこが川上さんとのちがいだった。そのことを私は残念に感じるのである。

ONたりとも特別扱いはしない

川上さんは、王や長嶋に対してもいっさい特別扱いをしなかった。口で言うのはかんたんだが、現実にはこれはなかなかできることではない。並みの監督なら、スター選手には遠慮して叱れるものではないのである。つい見て見ぬふりをしがちである。まして王と長嶋である。

阪神のエースだった村山実は、自分で投げる日を決めていたらしい。西本さんでさえ、近鉄時代には鈴木啓示《けいし》のわがままに手を焼いていた。しかし、川上さんはONであろうと誰であろうと、叱るべきときはピシッと叱ったと聞いている。四〇〇勝投手の金田正一さんでさえ、二軍に落としたのは有名な話である。

森氏に聞いた話だが、ミーティングの席に長嶋がメモと筆記用具を持ってこなかったことがあったそうだ。川上さんは烈火のごとく怒ったらしい。

「長嶋くん、筆記用具を持ってきなさい」

そういわれて、長嶋はしぶしぶ持ってきたという。話は脱線するが、そういえば長嶋の息子である一茂もメモを取らなかった。私もミーティングが好きなほうで、ヤクルト時代のユマ・キャンプでは連日ミーティングを行い、全員にメモを持参させていたのだが、あとで聞いたところでは一茂はまったくメモを取らなかったらしい。

一応取るふりはしているのだが、じつはマンガを描いていたそうだ。おそらく父親も筆記用具は持ってきたものの、何も書かなかったと思う。「さすがに親子だなあ」と私は感じ入ったものだ。

話を戻す。

川上さんの厳しさについては、ある雑誌で王も「川上さんは眠っていても野球について考えつめているような人」としたうえで、こう語っている。

「打者のワキがあいて打てないのを矯正するには両腕をヒモで縛ってスイング練習させたらいいのではないか、と思いつくと、ＯＮであろうと誰であろうと、必ずやらせた。ふつうは三割打者やホームラン王にそんなことをやらせる監督はいない。それを非情にやらせる強さをもった人だった」

じつは人気があった管理野球

こうした川上野球は「管理野球」といわれ、評判がよくなかったのも事実である。それはいまでも変わらない。とくに最近は選手の個性や自主性といったものが声高に叫ばれ、のびのびと自由奔放にプレーさせることがほめそやされるので、「管理」に対する嫌悪感が非常に強いようだ。現在では「管理野球」といえば「つまらない野球」の代名詞となっている。

しかし、私にいわせれば「わかってないなあ」ということになる。そうした批判は、強さに対するたんなる「嫉妬《しっと》」や「ねたみ」、あるいは勝てないことへの「ひがみ」や「言い訳」にすぎない。私にはそうとしか思えないのである。

たしかに、選手に厳しいことを言わず、おだてあげ、自由奔放にプレーさせた結果、優勝することはまれにある。だが、そうしたチームが翌年も勝つことはほとんどない。

これは監督という立場になってはじめてわかることなのかもしれないが、人が集まって集団になれば、そこに「管理」というものは自然発生する。人はそれぞれ個性を持ち、考え方もちがう。そうした集団を統率し、ひとつの目標に向かって進ませていくためには、最低限の秩序やルールというものが不可欠であり、監督という立場であれば、それらを選手に植えつけることが必要である。それなくしてチームがきちんと機能するはずがない。その意味では私の野球も「管理野球」である。

また、川上野球は、「石橋を叩《たた》いて渡る」という表現がよく使われたように、勝利を求めるあまり、慎重かつ確実すぎて、「おもしろくない」と批判されたことも多かった。とりわけマスコミからは厳しく叩かれた。

だが、じつはファンは決してそうは思わなかった。川上さんが監督になった年の巨人の観客動員数は約一六〇万人。だが、監督を退いた一九七四年にはそれが二五八万人にまで増大している。ONというスーパースターの存在はあったが、この数字がファンは充分に「楽しんだ」というなによりの証拠であると私は思う。

余談だが、ヤクルトの監督だったときに、私は雑誌の企画で川上さんと対談したことがあった。いっぺん川上さんと膝突き合わせて野球談義をしたいと思っていたから、楽しみにしていた。テーマは「いまの野球と昔の野球」というようなものだったが、ひとつ忘れられない思い出がある。対談が終わって、川上さんがこう言ってくれた。

「野村くんは想像以上に野球を勉強しているね。今日話してみて、野村くんが監督として手腕を発揮しているのは当然だということがよくわかりました」

子どものころからのあこがれの選手であり、指導者としても手本にし、尊敬してきた川上さんにそういってもらって、とてもうれしかったのを憶《おぼ》えている。

第五章　野村の組織論

中心なき組織は機能しない

Ｖ９時代の巨人から学んだことに、選手として監督として私自身が経験し、考えたことを通して、私が監督という仕事、組織のあるべき姿について、どのように考えるにいたったか。興味がある方もいらっしゃると思うので、巨人論からはややそれるかもしれないが、ここで述べておきたい。

監督としての指導理念を、私はつぎのような点に置いている。すなわち、「原理原則を見据え、実践指導する」ということだ。

「原理原則」とは、しいていえば「偉大なる常識」である。これをしっかりとわきまえておけば、どんなことが起こっても、つねに冷静に対処できる。世の中に存在するものには、すべて理がある。根拠がある。理に適わないことはしない、理をもって闘う。それが私の野球観である。この原理原則にのっとって、実践指導、すなわち経験をベースに実際の場面で対応できるような指導を行うのである。そのうえで、人をつくり、チームをつくり、試合をつくっていくのが監督の仕事である。

そして、チームづくりの基本となるのが、中心選手の存在である。「中心なき組織は機能しない」——これは私の持論であり、組織論の大原則である。阪神の監督になったときも、そして楽天の監督を引き受けるときも、私は「エースと四番を獲ってくれ」と球団に強く要請した。

というのは、「四番とエースは育てられない」からである。

これは私の本音であり、長年のプロ野球人生で得た真理でもある。ふり返ってみてほしい。巨人にかぎらず、優勝を争うような強いチームの四番に座ってきたのは、いずれも即戦力として入団してきた選手か、他球団から獲得してきた実績のある選手である。二軍からはいあがってきたといえるのは、つまり育ってきたといえるのは、掛布《かけふ》雅之《まさゆき》（阪神）と中村紀洋《のりひろ》（近鉄）くらい。いまなら岩村明憲《あきのり》（ヤクルト）と多村仁《たむらひとし》（横浜）がそうだといえるが、まだまだ信頼性に欠け、安心して四番を任せられるまでにはいたっていない。

阪神にも楽天にも、チャンスを確実にものにし、チームを引っ張っていくことのできる四番がいなかった。だからこそ、私は「四番を獲ってほしい」と執拗《しつよう》に要求したのである。

ただし、中心選手はたんに技量がすぐれているだけではいけない。「チームの鑑《かがみ》」すなわちほかの選手の模範とならなければいけないのである。なぜなら、中心選手の意識と行動が、チーム全体のそれを決定するからである。つまり、チームが機能するか、破綻《はたん》するかは、中心選手にかかっている。それが「中心なき組織は機能しない」という言葉の意味だ。

監督の立場からすると、チームの中心に率先垂範タイプがいると、とてもやりやすい。ほかの選手にも「彼を見習え」といえばいいからだ。それだけでチームはいい方向に向かう。ヤクルト時代に私は広沢克己《かつみ》をずっと四番からはずさなかったのだが、その理由は彼がミスした翌日は自分から特守や特打を志願していたからだ。そういう気持ちと態度がチームの士気に大きな影響を与えるのである。逆に、中心選手が自己中心的であったり、いいかげんであったりすると、自然とチームもそうなってしまう。

その意味で、私は阪神の金本知憲《かねもとともあき》を高く評価している。現在の球界で真の「四番」といえるのは彼くらいだろう。彼は少々の故障くらいでは試合を休まない。チームへの忠誠心も高い。金本が移籍してきてから、阪神の選手の意識が明らかに変わったのは、みなさんもお感じになっているのではないか。金本の野球に取り組む態度を見れば、まわりの選手も自然と「このままではいけない」と感じるようになる。また若手がまちがった行動をとると注意をしたり叱ったりもする。監督が直接叱るより先輩が叱ったほうが叱られた若手のショックは少ない。ここ数年の阪神の躍進には、この金本の存在が非常に大きく寄与している。

言いにくいことを直言するのも指導者の愛情

いま述べたように、組織の中心をなす者の意識と行動は、組織全体が正しい方向に進めるかどうかを決定する。だからこそ私は中心選手にこだわるし、彼らにはことのほかうるさく注文をつけるのであるが、彼らが組織の中心としてふさわしくない態度をとっている場合には、指導者はそれをあらためさせ、正しい方向に向かわせなければならない。

そのことで忘れられない選手がいる。江夏豊である。阪神の大エースだった江夏がトレードで南海にやってきたのは、一九七六（昭和五一）年のことだった。いうまでもなく、江夏のピッチングに関する能力は突出していた。ところが、江夏ほどチームの足を引っ張る選手もまたいなかった。

ひとことでいえば、彼は甘やかされていたのである。阪神時代の江夏は、周囲から「扱いにくい選手」とされていた。そのため、ほめたりおだてたりする監督やコーチはいても、言いにくいことをはっきり言う人間はひとりもいなかった。それが彼の甘えと傲慢《ごうまん》な態度を生み、助長していた。

中心選手の考え方や言動でチームは大きく変わる。とすれば、なんとかして江夏を正しい方向に向かせなければならない。南海の選手兼監督だった私は、そのことばかり考えていた。

そんなときである。ある試合、二死満塁フルカウントの場面でコントロールのいいはずの江夏がとんでもないボールを投げて押し出しで試合に負けたことがあった。その帰りの車に彼を乗せ問い詰めた。

「おまえ、八百長やってないか？」

江夏は、かつて八百長問題でプロ野球のみならず世間を騒がせた「黒い霧事件」の際にも名前が取りざたされていた。それで「もしや」と私は思ったのである。

最初は笑ってとり合わなかった江夏だが、私の剣幕におそれをなしたのか、次第に真剣な表情になり、「絶対にやってない」と明言した。が、そこで終わってしまってはいままでと同じである。私はさらに言ってやった。

「おまえが変な投球をするたびに、『八百長じゃないか』と思う人間がたくさんいる。そんな人たちにおまえが『やってない』と言っても、まったく説得力はない。ピッチングで示すしかないんだ。たとえ時間はかかっても、信用を取り戻す方法はそれしかない」

　黙って聞いていた彼は、しばらくして口を開いた。

「そんなことを面と向かってはっきり言ってくれたのは、あんただけだよ……」

　それから江夏は変わった。私に敬意を表するようになり、私の話を真剣に聞くようになった。それればかりか、なにかあれば私のところに来て、野球について語り合った。その後、彼がストッパーとして第二の花を咲かせ、「優勝請負人」とまで呼ばれるようになったのは周知のとおりである。

「この選手を育てたい、立派な人間にしてやりたい」と思ったときに大切なのは、ほめたりやさしく接したりすることだけではない。ときには厳しく叱ったり、言いにくいことを直言してやったりすることも必要なのだ。それが指導者としての愛情なのである。

　監督が選手に要求することと選手が監督に要求することは、往々にして相反するものである。ひとことでいえば、監督はチームを優先して考えるのに対して、選手は自分のことを最優先する。

　だが、選手というのは自分の存在価値を認めてくれる監督に対しては、「この人のために死んでもかまわない」と思うものである。それが結果としてチームを優先することにつながるのである。まして中心選手がそのように感じてくれると、それがチーム全体に広がっていく。だからこそ、指導者は組織の中心をなす人間に対しては厳しく接しなければならないのだ。

清原とピアス

二〇〇五（平成一七）年まで巨人の「中心選手」だった清原和博は、ピアスをしていた。その清原の獲得に楽天が乗り出すとか乗り出さないとかいわれていたとき、私は「ピアスをはずしてからこい」と言った。

昨今は多くのチームの選手が少なくとも髪を伸ばしたり、染めたりしている。ヒゲをはやしている選手も少なくない。ヤクルトの監督をしていたときも、私は長髪、茶髪、ヒゲを禁止していた。当時でもそのことを「時代錯誤だ」という人は少なくなかった。

ヤクルトがアメリカのユマで春季キャンプを張っていたころ、当時アトランタ・ブレーブスのコーチを務めていたパット・コラレスがわれわれのキャンプを手伝ってくれていた。彼から私はさまざまなメジャーリーグの情報を入手していたのだが、あるとき、私は訊《たず》ねてみた。

「私は、『茶髪と長髪はダメ』とか『ヒゲは禁止』とか、いろいろなルールをつくっているのだが、それはいけないことだろうか」

するとと彼は「いや、まちがっていない」と即答し、こうつづけた。

「メジャーでも強いチームほど、細かい規則がたくさんある。長髪はダメ。帽子はきちんとかぶる。Tシャツで練習をしない。練習中の私語は禁止。遠征でのアルコールはビール一本というふうに……。その最たるものがヤンキースだ」

「わが意を得たり」と私は思った。一見自由奔放で、何をやってもいいように見えるメジャーであっても、強いチームであるほど規律やルールが厳しいのである。チームプレーが重視される団体競技においては、ルールや秩序というものは絶対に必要だ。個人のわがままは許されないのである。まして清原のような「中心選手」の行動は、チーム全体に伝播《でんぱ》する。そうなってはチームはまったく機能しなくなる。

だが、私がそう主張すると、「時代が変わった」とみんなが言う。「長髪やヒゲと野球、どんな関係があるんだ」と、口には出さないまでも心では思っているにちがいない。

関係あるのである。

相撲では「心技体」というが、野球でも体力・知力・気力のバランスがとれていることが大切だ。髪を染めたり、ヒゲをはやしたりというのは、そのバランスが崩れていることを意味する。ある心理学者に訊いたところでは、茶髪にしたり、ヒゲをはやしたりするのは自己顕示欲の表れらしい。要するに目立ちたいのである。野球選手は野球で目立てばよろしい。そういう行為は、精神が乱れている証《あかし》なのである。野球に真剣に取り組んでいる人間は、絶対にそんなことはしないのだ。

事実、見ているほうもいい気持ちはしないのではないか。講演などに行くと、「あの清原のピアス、なんとかなりませんか」とよく話題になった。「私に言われても困るんで、堀内に言ってください」と、そのたびに私は答えたのだが、やはりみなさん「いい感じがしない」とおっしゃるのだ。

南海時代、監督だった私は、参議院議員までなった江本孟紀《たけのり》の長髪を切らせたことがあった。田舎町でオープン戦をやったとき、スタンドで夫婦連れが「何？　あの長髪。みっともないわね。なんとかならないのかしら」と話しているのを聞いたからだ。プロである以上、ファンがいやがることをしてはいけない。私がとくとくと諭した結果、江本はしぶしぶながらも切ってきた。理路整然と説明してやれば、選手は納得するものなのである。

適材適所は才能集団をしのぐ

ただ、組織というのは不思議なもので、すばらしい資質をもった人間ばかりを集めれば機能するかといえば、決してそんなことはない。むしろ、個々の才能はそれほどでなくても、共通の目的のもとで、みんなが一致団結して取り組んでいる組織のほうが、よい結果を残すことが多い。大切なのはやはり、組織全体の「まとまり」だ。

それでは「まとまり」とはなにか。

それは、組織を構成する各自が自分の果たすべき役割と責任を明確に認識し、まっとうすることで、一丸となって目標に向かっていくことにほかならない。ひとことでいえば「適材適所」である。それなくしては、いくら優秀な人材を集めても組織は機能しない。

もちろん、中心となるリーダーは必要だ。野球でいえば、エースと四番である。ほかの選手が「あの人に回せばなんとかなる、あいつが投げれば勝てる」と思えるからだ。打線についていえば、四番の負担を減らすという意味でも、三番と五番にもある程度の打力はほしい。が、それ以外はそれほどの強打者は必要ない。

むしろ、守備がうまく、足があり、黒子に徹してくれる選手のほうがいい。二〇〇五年シーズンの千葉ロッテマリーンズが七番に李承燁《イ・スンヨプ》を起用したように、下位打線にもタイトルを争うようなバッターを置けるものならそれは理想だが、そんな強打者を下位で打たせたら、往々にして不満が出るものだ。それが監督批判につながり、チームのまとまりを乱す結果にもなる。それなら、黒子に徹することができる選手を入れたほうがよっぽどいい結果を生むのである。

V9巨人の打線は、まさしく「適材適所」の打線だった。指導者になった私は、いつもあのオーダーを理想とし、それに近づけようと腐心した。九〇年にヤクルトの監督になって以降、私は、右打ちがうまく、チーム内での人望も厚い広沢を四番、広沢に劣らぬ打力をもった池山隆寛《たかひろ》を三番に据え、一番にはその駿足《しゅんそく》を買って、捕手として入団していた飯田哲也をセカンドにコンバートして抜擢《ばってき》。二番には、当時はホームランバッターを志向していた土橋勝征《どばしかつゆき》を、小技がうまいのに着目して置いた。

また、故障がちだった池山の後釜《あとがま》として打撃には目をつむって入団させた宮本慎也には、「いずれおまえを二番にするから、勉強しておけ」と命じ、八番をまかせた。そうやって、理想のV9打線に近づけるべく、少しずつヤクルトの打線を固めていったものだった。

阪神の監督時代は、最後まで四番の不在に泣かされ、赤星憲広《あかほしのりひろ》や藤本敦士《ふじもとあつし》、沖原佳典《よしのり》といった選手に目をつけて入団させたくらいで、見るべき成果は残せなかったが、二〇〇五年シーズンにセ・リーグを圧倒的な強さで制した阪神のオーダーを見ると、赤星と鳥谷敬《たかし》（藤本）で一、二番を形成し、四番に金本、五番に今岡誠を置くというように、まさに適材適所の打線を組んでいる。赤星、鳥谷のコンビは長打力こそないが、足という武器がある。当然、相手は塁に出せばやっかいだと思う。走者なしで彼らを迎えただけで精神的に追い込まれる。「つながったらいやだな」と思わせることができる。

九つの打順とポジションには、それぞれの役割がある。

ということは、素質にすぐれた選手を九人集めたからといって、機能するとはかぎらないのである。V9時代の巨人のように、九つの役割にピタリと合う選手を集めて育成することのほうが重要であるというのが私の持論である。そのためには、監督は各選手の特性をきちんと見極め、進むべき方向を示してやらなければならない。

それは野球だけではない。どんな組織においてもいえることだと私は思う。人間は誰でもなんらかの才能を与えられて生まれてくる。とすれば、それを受け入れる側に、彼らひとりひとりがほんとうに自分に適した場所を与えられているのか、つねに念頭に置いておく必要がある。だからこそ私は、いつも選手たちをじっと観察しながら、適材適所を考えるようにしている。

仕事を通じて人間が形成されていくことを教えよ

監督の仕事とは「人をつくり、チームをつくり、試合をつくる」ことだと書いた。なかでももっとも大切だと私が考えているのが「人づくり」である。人をつくって、はじめてチームづくりと試合づくりができるからだ。

私にサラリーマンの経験はないが、一流と呼ばれる会社ほど、人材教育に多くの時間を割くと聞いている。プロ野球だって、必要とされる人材は一般社会と変わらない。いまのプロ野球の監督は、この人間教育が欠けている。

「仕事」と「人生」は、切っても切り離せない関係にある。仕事を通じて成長と進歩があり、人間形成と人格形成を促していくのである。だからこそ、指導者は「人として生きる」ことを選手に徹底して教え込む必要がある。「人間はみな人生を生き抜く使命を有している」ということを説き、使命感を自覚させなければならないのである。

川上哲治さんはよく話していたという。

「人はつい自分ひとりで生きていると錯覚しがちだが、現実はそうではない。他人からの恩恵をさまざまなかたちで受けている。野球選手も同じである。成績を上げるためには、いつもほかのチームメイトの協力がなければいけない。満塁ホームランはランナーが三人いるから生まれる。完封勝利はエラーをしなかった野手がいてはじめて実現する。自分が打った、投げた、というだけではいけないのだ」

同感である。職人気質の人間が多いプロ野球選手は、自分ひとりでうまくなったとか自分の力で勝てたと錯覚しがちである。だが、周りの人間は決してそうは思っていないことが往々にしてあるものだ。

その人間の価値や存在感は、他人が決めるのである。自己愛で生きている自分の評価より、他人が下した評価こそが正しいのである。だからこそ、謙虚さや素直さが求められるわけだが、であるならば指導者はそういうことを選手に理解させなければならない。そうした意識の積み重ねがチームプレーにつながっていくからである。

私の好きな言葉に「思考が人生を創る」というものがある。『中村天風の言葉』（神渡《かみわたり》良平《りょうへい》著）に出てくる言葉だが、考え方が取り組み方になるという意味で、その積み重ねが人生となるのだと私は理解している。野球というスポーツを通して、選手はさまざまなことを考える。それがプレーの質を高め、それにともなって成績が向上し、ひいてはチームが正しい方向に進む。であるならば、監督の大きな仕事とは、そうした考え方のエキスを注入することにほかならない。「人間学なき者にリーダーの資格なし」と私がつねづね語っている所以《ゆえん》である。

「あいつ、成長したな」と何気なくいうことがある。それでは成長とは何か。「成長した」と他人に感じさせるには、「判断基準がレベルアップした」とか「まちがいに気づき、それを正す」能力が備わったことが大きな意味を持つ。それなくして成長はありえないのである。その意味で監督は「気づかせ屋」でなくてはならない。自分が無知であることに気づかせ、何が正しくて何が正しくないのか、まちがいに気づかせて正していくわけだ。

そして、気づく選手は絶対に伸びる。「人間の最大の悪とは鈍感である」と私は信じている。気づかなければ、つまり成長が見られなければ、もう一度人間教育をやり直す。監督の仕事とは、そういうものである。

ほめることと叱ること

二〇〇五年シーズンの日本一を勝ち取ったのは、ボビー・バレンタイン監督率いる千葉ロッテマリーンズであった。日替わりでオーダーを変えたり、明らかにバントのケースで強攻させたりと、采配《さいはい》に対しては正直言って首肯できない部分もあるのだが、組織管理術という面では、バレンタインのやり方はたしかにいまの日本人選手に合っているのだなあと思うのも事実である。

たとえば、私の時代のプロ野球選手は「親の死に目にあえない」のは当然と考えていた。家庭よりも仕事を優先するというのは、プロ野球選手にかぎらず、私と同世代の日本人の共通認識だったと思う。これに対して、仕事よりも家族を優先するのがアメリカである。かつてランディ・バースが子どもの病気が理由で阪神を退団したことがあった。どちらがいいか悪いかは別にして、いまの日本人選手のメンタルな部分は、アメリカ人に近くなっているのではないかと私は感じている。その意味で、バレンタインのやり方はいまの選手たちに合っているように思う。

ロッテの選手に訊いてみると、バレンタインは「気分よくプレーさせてくれる」そうだ。つまり、「ほめて育てる」ということなのだろう。これもいまの日本人選手に合っている。学校教育も「五つほめて、三つ教えて、二つ叱る」ことが基本であるそうだ。

ところが、私はこの「ほめる」という行為が下手というか、苦手なのである。だから、ほめるよりも叱ることで反発心が芽生えることを期待してやってきた。人間はジャンプするときに無意識に身体をかがませて反動をつけようとする。それと同じように、選手の身体を上から押さえる役目を自分が引き受けているつもりだった。

これには選手時代に薫陶を受けた鶴岡一人さんの影響が多分にある。鶴岡さんは絶対に南海の選手をほめなかった。その代わり、ほかのチームの選手はよくほめた。

たとえば、西鉄の稲尾和久投手や中西太《ふとし》さんを見るたびにこう言っていたものだ。

「あのバッティングを見い。あれは素質だけとちがう。人のいないところでどのくらいバットを振っているか、一度手のマメを見せてもらいに行ってこい」

「稲尾のピッチングを見習え。あれがプロの投手だ。ゼニのとれる選手だ」

そうやってハッパをかけるわけだ。余談だが、私にかぎらず、どんな監督もやはり恩師の影響を無意識に受けているようだ。星野仙一は明治大学時代の島岡吉郎《しまおかきちろう》さんの影響を感じさせるし、長嶋茂雄の場合はおそらく立教大学の砂押邦信《すなおしくにのぶ》監督だろう。森昌彦氏はまちがいなく川上さんだ。

鶴岡さんの影響を受けている私は、選手を「叱る」「注意する」ことを指導方針の基本に置いてきた。実際、ヤクルトのときはそれで成功した。

それで阪神でも同じ接し方をしたのだが、ところが今度はうまくいかなかった。阪神の選手は、体力・気力・知力のうち、なにより気力を問題にしなければならなかったのである。その意味ではヤクルトの選手のほうがはるかにおとなであった。そこに私は気がつかなかったのだ。その意味で、星野のように「怖さ」を感じさせつつも、ほめておだてることができる監督が適任だったのである。

人間には勝てないものがふたつあるという。それは「年齢」と「時代」なのだそうだ。このふたつには絶対に逆らえないのだという。私も阪神での失敗をふまえたうえで、楽天の選手に対応しなければならない。少なくとも、選手のレベルや現状をよく見極め、それに合わせた指導法を考える必要はあるだろう。

ただ、年齢には勝てないというのは私も認めるものの、はたして時代にはほんとうに勝てないのだろうか。黙って流れに身を任せるしかないのだろうか……。そう感じるのも事実なのだが寂しい気がする。「古き良きもの常に新しい」の考えも消えていくのだろうか。

不平不満を口に出すか出さないかが組織の良否を分ける

ただ、これだけはいえる。

選手はほめておけばいい、おだてておけばいいとだけ考えているような監督は、往々にして「チームには七〇人の選手がいる」ということを忘れている。七〇人のうち、一軍選手は二八人。そのなかで常時試合に出られるのは九人である。ということは、投手は別にしても、大半の選手は試合に出られないわけである。

おだてられて、使われる選手はいいだろう。が、そのほかの選手は当然おもしろくないはずだ。不安だけでなく、「なぜおれを使ってくれないのだ」と監督に対して不平不満を抱く。そして、それを口に出してしまう。そうなればチーム全体のムードも悪くなるというわけだ。

いい組織と悪い組織を分けるもの——それは選手が不満を口にするかしないかという部分が決して小さくはない。誰かがそれを口に出せば、堰《せき》を切ったようにほかの人間も言い出すに決まっている。監督に対する反感がチームに蔓延《まんえん》していく。そうなっては監督の言うことにしたがわなくなる。そこからチームが破綻《はたん》しまとまりに欠き、勝つことはできなくなる。

だからこそ、私はミーティングを開いては次のようなことをくり返し説くようにしている。

「自分の思うようになることなど、そうそうあるものではない。自分の思うようにしたいが、現実はそうでない。が、それは裏を返せば理想や夢があるということだ。だからこそ、人間はそこに近づくべく努力しなければならないのだ」

チームの不平不満をこらえるということは、人間ができていなければなかなかできるものではない。その意味で秩序感覚が重要で、人間教育の有無が大きく組織を左右する。

指導者は選手に好かれようと思ってはいけない

「選手によく思われたい」と考える監督やコーチがいる。おそらく会社などにもそういうタイプの上司は多いのではないか。

私は選手に好かれようとはまったく思っていない。なぜなら、監督は選手と勝負する部分がなければならないからである。監督である以上、野球の知識はもちろん、世間における常識、あらゆる雑学など、体力以外で選手に負けることがあってはならないと私は信じている。負けてしまえば、監督としての権威と威厳が崩れてしまう。それがチームの崩壊につながるのだ。

選手を食事に連れて行ったり、呑《の》みに行ったりということもいっさいしない。日頃そういうことをしていると、いざというときに判断がにぶるだけでなく、選手に対して威厳も重みも感じさせることができなくなってしまう。

それに、特定の選手を連れて行けば、ほかの選手がひがむに決まっている。事実、私がそうだった。南海の監督だった鶴岡さんは「親分」と呼ばれただけに、よく選手を呑みに連れて行った。しかし、どういうわけか私には一回も声がかからなかった。

選手たちは監督によく思われたいと考えているものだ。注目されたい、かまってもらいたい、認めてもらいたいと思っているはずである。にもかかわらず監督が、たとえ活躍した選手を連れて行くにせよ、特定の人間にそういうことをしてしまえば、必ずそこには派閥ができる。そうなれば絶対にチームがおかしくなるのである。私は南海時代にそういう経験をイヤというほど味わった。

だから私は、「選手によく思われたい」と考え、ゴマをするようなコーチはスパッと切るようにしている。コーチは選手のほうがゴマをすりにくるくらいでなければいけない。自分に自信がないから選手にすりよるのである。私はいつもコーチにこう言っている。

「選手ではなく、監督のほうを向いて仕事をしなさい。選手に嫌われたっていいじゃないか。おれが代わってやる。監督に信用されていれば、それでいいじゃないか」

信頼関係構築の第一歩は意識改革である

選手に好かれようとは思っていない私であるが、「信頼」はされなくてはいけない。選手と監督のあいだに信頼関係が構築されていなくては、人間教育は成立しない。信頼とはもちろん、「この監督についていけば大丈夫だ」「この監督なら勝たせてくれる」と選手に感じさせることである。監督は選手にそういう安心感を与えなければいけない。監督が頼りにされなければ、なにを言っても無駄である。

またまた川上さんの話で恐縮だが、じつは選手時代の川上さんは「個人主義の権化ともいえる人間だった」と、川上さんをよく知る青田昇さんに聞いたことがある。にもかかわらず、巨人の選手たちは川上さんに黙ってしたがった。なぜか。「この監督なら勝たせてくれる」と選手が信じたからだろう。

ただし、新しく監督に就任した川上さんが『ドジャースの戦法』を教科書にフォーメーション・プレーを説いていたころは、選手のなかには反発もあったらしい。ところが、ベロビーチでドジャースの選手たちが実際にプレーしているのを見たとたん、選手は心をあらためたそうだ。

「監督の言っていたことはほんとうだった。この人についていけば、勝たせてくれる」

川上さん自身、このキャンプだけで「ドジャースの戦法」を吸収できるとは思っていなかったと思う。むろん、それが第一目的ではあっただろうが、それ以上に選手の意識が変わることを期待していたのではないか。

そう、大切なのは「意識改革」である。それこそが信頼関係を構築するためにもっとも大切なものである。チームを預かることになったとき、私が最初に取り組むのも選手の意識改革である。

それには最初のキャンプが肝心だ。

選手は今度の監督がどんな人間なのか、どのような野球をやろうとしているのか、興味津々で見ている。そこでガーンとかましてやるのである。選手の頭もキャンプのときは新鮮だ。「今年はやるぞ」と決意を新たにしているから、集中力もすばらしい。

だからこそ、私はいつも二月のキャンプが勝負だと思っているのである。毎晩ミーティングを開き、私の野球論や人生論を叩《たた》き込む。そうすると、選手は「ああ、そういう考えもあるのか。監督はすごいなあ」と感じてくれる。

ただ、最初は素直に聞いていた選手も、シーズン中も毎日同じ話を聞かされれば、さすがにうんざりしてくる。なにしろ試合前には相手チームの特徴をデータで示し、対策を徹底させるためにミーティングを行い、試合後にも反省のためや、その試合をふり返るためにまたミーティングである。毎日一日三試合しているようなものだ。しかも、私の目指す野球はすぐには結果が出ないから、次第に私に対する不信感も芽生えてくる。

しかし、ここで負けてはだめなのだ。くり返し、くり返し、同じことを言いつづけなければならないのである。そうしていけば、少しずつ結果がともなうようになってくる。そうなればしめたものである。選手は「この監督についていこう」と考えるようになる。そうやって少しずつ信頼関係は築かれていく。まず選手との勝負である。味方の選手に勝たずして相手に勝てるわけがない。

無形の力で有形の力をカバーせよ

技術力には限界がある。

私はプロに入って三年目にレギュラーとなり、翌年に本塁打王のタイトルを獲得した。「これでなんとかプロでやっていける」と思ったのもつかのま、翌年から二年間は二割五分程度しか打てなかった。ホームランも二〇本ほどに減った。練習をサボったわけではない。それこそ手をマメだらけにして毎日バットを振っていた。それでも打てないのである。

なぜ打てないのか――私は考えた。そうして思い当たったのが、「自分は不器用である」ということだった。つまりこういうことである。

たとえばカーブがくると思い、そのタイミングで待っていたところにストレートがきた。もう手も足も出ない。ストレートを待っているところにカーブがきても、無様に空振りしてしまう。イチローや松井秀喜のような天才なら、とっさに対応できるのだが、私にはできなかったのである。

不器用なものはしかたがない。私はそう考えた。だが、決してあきらめたわけではない。二割五分しか打てない打者が三割を打つためにはどうすればいいのか。残り五分を埋める方法を探したのである。

要するに私は、読みがはずれてしまったときの対応力はないが、読みが当たれば打てるのである。ならば、読みの精度を上げればいい。そのために必要なのはなにか――そう、いまで言うデータである。

私は相手チームの各バッテリーの配球をスコアラー（ちなみに日本で最初にスコアラーを置いたのは南海である）に頼み毎日持って帰ってカウント別に記入していった。すると、それなりの傾向がきちんと浮かび上がってきたのである。

同時に、メジャーリーグ最後の四割バッターであるテッド・ウィリアムスの『打撃論』という本にヒントを得て、相手投手や捕手のクセを探った。ウィリアムスによれば、投手の表情やちょっとした仕草から球種が八割程度はわかるというのである。

データの収集とクセの探求（当時は誰もやっていなかった）。そうしたいわば「無形の力」で私は、技術力という有形の力をカバーしようとした。その方法がまちがっていなかったことは、その後の成績が証明している。データ収集に本格的に取り組むようになったシーズンには早くも二割九分、本塁打は二九本をマーク。その後もつねに三割前後をキープできるようになり、一九六五（昭和四〇）年には三冠王まで獲得することができた。

努力は大切である。が、それだけでは大きな成果が得られるとはかぎらない。肝心なのは、努力の方向性と方法論である。それが天性の劣る部分をカバーする大きな力となる。

データは感動を呼び、意識改革を促す

データを活用して私が三割を打つことができるようになったように、データは組織にとってもかぎられた戦力を最大限に活かし、かつ相手の力を封じるための大きな無形の力となる。たとえ個々の才能は十人並みであっても、その組織ははるかに大きな力を持つこと

になる。

私がデータを重要視するのはじつはそれだけが理由ではない。データにはもうひとつの効用がある。それは、選手の意識改革を促すということだ。データこそ、意識改革のための最強の武器である——そう私は考えている。

野球はチームで戦うものである。ということは個人の意思を優先させるばかりではいけない。全体のために個々が与えられた役割を果たして、はじめてチームは機能する。だが、自分の役割を認識し、責任を果たすということは、口でいうほどたやすいことではない。自分が犠牲にならなければいけないケースも多々あるからだ。

そんなとき、私はデータを示すようにしている。数字で示されれば、納得しないわけにはいかない。納得すれば感じて動く。つまり感動する。データによって自分に気づき、感動することもある。そうなれば選手の意識はおのずと変わってくる。感動ほど人間を変えるものはないのだ。これは私が長年の監督生活で得た真理である。

そのためにはデータはわかりやすくなければならない。感動を呼ぶものでなければならない。だからこそ、私はデータを必死で吟味するのである。

優勝するにふさわしいチームとは

優勝するチームには二種類あると私は考えている。ひとつは「優勝するべくして優勝する」チーム。もうひとつは「優勝するにふさわしい」チームである。

前者は、いうまでもなく巨人のようなチームである。球界を代表するような選手をズラリと揃え、圧倒的な戦力を誇示している。いわば絶対的な強さを持っているチームである。

後者は、決して戦力はそれほどではないが、監督のもとにきちんとした意思統一ができていて、しっかりした作戦を立てて、選手が自分の役割を認識し、きちんとした姿勢で取り組み、まっとうするチームである。つまり、野球をよく知っているチームであり、プロ意識を強く持って戦っているチーム。それが「優勝するにふさわしい」チームである。

私がこれまで指揮してきたチームは、前者ではなかった。だからといって、戦力不足を嘆いていてもはじまらない。いまある戦力をどのように使い、いかに勝つかを考えなければならないのである。「優勝するにふさわしい」チームを目指さなければならないのだ。

弱者が強者を倒すためには、強者と同じことをやっていては不可能だ。弱者には弱者の戦法がある。その大原則が「戦力の集中」。そして、これには次の四つの要素が大切だと私は考えている。

第一は、先にも触れた「適材適所と意思統一によるまとまり」である。適材を適所に配し、選手が監督の意図のもとに自分の役割を果たすことで、チームが一丸となって戦うわけだ。奇襲や奇策も心理戦も、これがあってこそ可能になる。

第二は、「知力・体力・気力のバランス」。絶対的な力を持っていれば、体力と気力に頼るだけでも勝てるかもしれない。だが、野球はむしろ知力が占める部分が大きい。野球は頭でするスポーツなのである。だからこそ、データや情報を収集し、分析するとともに選択し、最大限に活用するのである。そして「知力」には、人間性が含まれることはいうまでもない。

第三は、「相手の弱点をつく」。全体として戦うのではなく重点的に、また一点集中主義で戦うのである。たとえば、駿足《しゅんそく》の打者を塁に出さない、あるいは四番の前にランナーをためなければ、相手の得点力は一気に低下する。そのために指揮官は、具体的な方法を立案し、徹底させなければならないのである。相手の打線なら分断して攻略法をきずける。

そして最後は、「選手に優越感を植えつける」ことである。「自分たちはほかよりも高度な進んだ野球をしている」という意識を選手が持つことは、自信になるだけでなく、相手を疑心暗鬼にさせ、コンプレックスを抱かせることにもなる。だからこそ私はデータを導入し、攻略法を具体的に示すようにしている。それが監督に対する尊敬と畏敬《いけい》につながり、選手の意識と行動を変えることにもなる。

以上のようなことを実践し、監督の意図がチーム全体に浸透するとともに選手ひとりひとりの意識が変わり、目指す方向に一致団結して向かわせることができたとき、そのチームは「優勝するにふさわしい」チームとなる。それが私の考えである。

第六章　伝統とは何か

伝統の条件

巨人軍を語るとき、「伝統」という言葉がよく使われる。事実、巨人は一二球団でもっとも古い歴史を持っている。たしかに歴史は伝統を感じさせる大きな要素である。だが、はたして歴史があれば「伝統がある」といえるのだろうか。

巨人と阪神を比較してみるとよくわかる。巨人の創設は一九三四（昭和九）年。阪神は翌三五年に「大阪タイガース」として誕生している。つまり、歴史という面では大差ないわけだ。だが、阪神というチームに対して私は、「伝統」の重みを感じさせられたことはいっさいない。巨人に対しては強烈に抱く敵愾心《てきがいしん》も、阪神には感じたことがない。南海時代の一九六四年には「御堂筋《みどうすじ》シリーズ」と呼ばれた日本シリーズで対戦し、四勝三敗で勝利をおさめたが、このときも巨人と闘うときとはまったくちがって、コンプレックスを抱くどころか、逆に見下していたほどだ。

それでは伝統とは何か。

思うに、伝統の重みを感じさせる第一の要素は、やはり優勝回数である。二〇〇五（平成一七）年シーズンまで、巨人のリーグ優勝回数は一リーグ時代を含めて三九回。日本シリーズを制したのは二〇回。リーグ優勝率は五割四分九厘。V9時代までにかぎれば、じつに七割を超える。

対する阪神はわずかリーグ優勝九回。うち二回はごく最近達成したものである。日本一にいたっては八五年のわずか一度。これでは伝統を感じるわけがない。いくら歴史があっても、それだけでは伝統は育たない。弱いチームに伝統なんてないのである。

第二は、名選手の輩出である。ベーブ・ルースやルー・ゲーリッグを相手に快投を演じた沢村栄治さんや、戦争で散った吉原正喜《まさき》さん、シーズン四二勝をあげたというヴィクトル・スタルヒン、初代三冠王の中島治康さんといった伝説の選手は別にしても、私が見ただけでも、赤バットの川上哲治さん、猛牛・千葉茂さん、じゃじゃ馬と呼ばれた青田昇さん、人間機関車こと呉昌征《ご・しょうせい》さん、猛烈なスライディングを日本に持ち込んだ与那嶺要さん、華麗な守備が売りだった広岡達朗さん、球界の紳士・藤田元司さん、そして説明不要の王貞治と長嶋茂雄、堀内恒夫、江川卓《すぐる》、原辰徳、松井秀喜……。巨人が輩出してきた名選手は枚挙に遑《いとま》がない。

対する阪神はどうか。景浦將《まさる》さんや土井垣武《どいがきたけし》さんを筆頭に、藤村富美男《ふみお》さん、別当薫さ

ん、吉田義男さん、村山実、小山正明さん、江夏豊、田淵幸一《たぶちこういち》、掛布雅之、岡田彰布《おかだあきのぶ》とい
った名前が思い浮かぶが、巨人に較べるとやはり寂しいといわざるをえない。
阪神よりもむしろ私は、新興の西武ライオンズに対して「伝統」を感じていた。西武は広岡監督のもとで一九八二〜八三年に連続日本一に輝いて以来、二〇〇五年まで一五回もリーグ優勝を飾り、うち日本一に九回輝いている。とくに、ともに巨人出身の広岡さんと森祇昌氏が監督を務めた一三年間は、リーグ優勝を逃したのは二回だけ。二度の日本シリーズ三連覇を含めて、八回も日本一を達成しているのである。
まさしく全盛期の巨人に匹敵する強さであった。そのころの西武に私は、V9時代の巨人に共通するムードを感じていた。一時期の西武は、たしかに伝統の重みを感じさせるチームであった。

メディアの力

伝統というものを考えたときには、マスコミの力も無視できない。

そもそも少年時代の私が巨人ファンになったのも、マスコミの力が大きかった。京都府の田舎で生まれ育った私には、プロ野球の試合を生で観るなどというのは、まさしく夢物

語だった。だから、ラジオから流れてくる野球中継を聞いて、想像をふくらますしかなかったのである。そして、雑音だらけのラジオから聞こえてくるのは、いつも巨人戦だった。おそらく、全国に私のような少年がいたことだろう。彼らの多くはそうやって巨人ファンになっていったのだと思う。テレビが普及してからも事情は変わらなかった。テレビでは毎日、巨人戦を全国中継していた。新聞も連日巨人の記事が一面を飾った。

日本シリーズに出場するとき、私はいつもあがっていた。それは、何回出場しても変わらなかった。球場に行くと、いつもはほとんどいない報道関係者が、それこそ何百人と集まっている。大阪球場のスタンドを見れば、ふだんは空席ばかりが目立つのに、超満員。それだけでもわれわれのようなパ・リーグの選手にとってはいつもと勝手がちがうところに、まして日本シリーズは全国に中継される。プロ野球ファンが全国に何人いるか知らないが、テレビやラジオを通して、何千万もの人々が自分を注目しているのだと思うと、「あがるな」というほうが無理である。ふだんとはまったくちがう雰囲気なのだから……。

われわれはいつもたがいに言い合ったものだ。

「巨人の連中って、いつもこんな雰囲気のなかで試合をしているんだなあ」

ファンがよく、長嶋や王を近くで見ただけで感激するというが、私も同じだった。いつもテレビ画面で見ているONがバッターボックスに入ってくる。キャッチャーの私はしげしげとその姿を見て思う――「カッコいいなあ」。

もう見上げてしまうのである。それだけでこちらは負けている。平常心ではいられなくなってしまうのである。日本シリーズの初戦、私はよく鼻歌を歌いながら打席に向かった。少しでもリラックスするためである。緊張感を解くためのおまじないのつもりであった。それほどわれわれにとって日本シリーズは特別な舞台だったのである。

ところが、巨人の選手を見ると、あがっている選手などひとりもいない。慣れているから、平気なのだろう。実際はわからないが、少なくとも私にはそのように見えた。われわれにとって日本シリーズは特別であるのに、彼らにとってはなんでもないことなのだ。いつも満員の観客の前で、しかも全国に試合が放送される巨人にとっては、ペナントレースと日本シリーズという冠がちがうだけで、ふだんとまったく一緒なのである。

そういう環境でいつもプレーしているチームとそうでないチームの差は、想像以上のものがある。逆に、閑古鳥が鳴くような球場でやったら、絶対にパ・リーグのチームのほうが強いんじゃないかと、冗談を言っていたほどだった。

もちろん、一回打席に入れば、あるいは一球一球ボールを受けていくうちに緊張は解けるのだが、それほど観客の後押しは大きいのである。実態以上に相手を大きく感じさせてしまうのだ。そういうことの積み重ねは決して軽視できるものではない。試合をやる前かられわれわれに劣等感を感じさせるのも、伝統のなせる技といわざるをえないのである。

マスコミといえばもうひとつ、日本テレビ、読売新聞、報知新聞をはじめとする読売グループの結束力の強さも、ほかのチームにはないものだった。ふだんはものすごく気さくな記者やアナウンサーであっても、日本シリーズ前になると、こちらが「こんにちは」と話しかけても、プイと横を向いてしまう。異様な雰囲気が漂っていた。南海の監督だった鶴岡一人さんは日本シリーズ前のミーティングではいつも開口一番、こう言っていたものだ——「読売の連中がしきりにいやなことを言ってくるから、絶対に耳を貸すな」。

未来創造力

親会社の規模も無視できない。巨人には読売グループという巨大企業がバックについていた。西武ライオンズが黄金時代を築いたころの西武グループも、まさに飛ぶ鳥を落とす勢いであった。親会社が巨大かつ安定していれば、積極的に補強に取り組めるし、選手の待遇もいい。全国的に名前を知られているから、人気も出やすいだろう。だから強くなる。

相乗効果を生むのである。

私のいた南海だって、一九三八年にリーグに加盟しているし、鶴岡一人監督のもとで黄金時代を築いたこともある。しかし、親会社の規模からいったら雲泥の差があったし、全国的な人気を得ることはできなかった。よく言われたものだ——「南海電車って、どこを走っているの?」。いつも「貧乏球団」の悲哀を味わっていたのは、これまでに書いたとおりである。

だが、以上のようなことは、伝統の条件として当然といえば当然である。問題は、なぜ巨人だけがずっと伝統を維持しつづけることができたのかということである。

第三章で述べたパイオニア精神とも関係することだろうが、巨人だけが長らく黄金時代を維持できた要因だと私が考えていることがもうひとつある。それは、「未来創造力」というものだ。

チームは生き物である。日々変わっていくチームの未来をいかにイメージし、実際につくりあげていくか。そういう能力こそがチームを長らえさせる秘訣《ひけつ》であり、それが失われたときがチームが崩壊に向かうときであると私は信じている。

私の考えでは、野球というスポーツはなんらかの根拠にもとづいて成り立っている。九つのポジション、九つの打順にはすべて特性と役割がある。ということは、たんにいい選手を九人集めればいいというのではなく、それぞれの条件と役割に適《かな》った選手をみつけ、育て、有機的に結合させていくことが重要になる。すなわち未来創造力がチームづくりには必要不可欠なのである。それなくしては絶対に強いチームはつくれないと断言できる。

球団創設以来、巨人には一貫してこの未来創造力が備わっていた。次代の巨人軍とはいかにあるべきかを、フロントや首脳陣がいつも真剣に考え、実践していた。もちろん、まだドラフトが施行される前で、思うような補強がしやすかったという面は否定できない。しかし、たとえそうであっても、そこにいかなるチームをつくるのかというビジョンとイメージがなければ、効果的な補強はできるものではない。

そうした未来創造力の結晶が、V9時代の巨人だったといえる。あのころのチームほど、「適材適所」という言葉が当てはまるチームはあとにも先にもない。ONという不動の三番、四番を中心に、それぞれが自分の役割を充分に認識し、まっとうする力を持った選手が集まっていた。そして、それはフロントや首脳陣に巨人はかくあるべしというビジョンがあったからこそ、実現したものだ。

脈々と受け継がれた〝後継者育成システム〟

こうした未来創造力は、指揮官である監督の人選という問題にも大きく影響していたのはいうまでもない。次代のチームの舵取り《かじと》りを誰に託すのか。とりわけ強かったころの巨人は、しかるべき人物が選手の段階からいわゆる帝王学を学び、これまで述べてきたような巨人の伝統をしっかりと受け継いでいく体制ができていたのだなとあらためて思う。

私には、巨人のそうしたシステムをまざまざと見せつけられた強烈な思い出がある。私が南海のプレイングマネージャーを務めていたころの話である。あるとき、巨人の監督だった川上さんから連絡があった。

「富田がほしいのだが……」

富田（勝《まさる》）とは、法政大学時代に田淵幸一、山本浩司《こうじ》（浩二）と並んで「法政の三羽ガラス」と呼ばれた三塁手である。当時は南海に在籍していた。その富田を川上さんが「トレードしてくれないか」というのである。「長嶋が少し衰えてきたので、適当に休ませるために富田が必要なのだ」とのことだった。

後日、料亭で会うことになり、指定された場所に出かけていった私はびっくりした。長嶋がいたからである。言葉が出ない私を見て、川上さんはこう言ったのである。

「この長嶋はいずれ巨人の監督になる男だ。ついてはトレード交渉とはどういうものか見せてやりたい。同席するのを許してほしい」

川上さん自身、水原さんのもとで助監督およびコーチを務め、監督学ともいうべきものを学んでいたにちがいない。すでに七連覇を達成した時点で長嶋と森氏をプレーイングコーチにし、王を主将に据えるという人事を行っている。つまり、水原さんの次は川上、その次は長嶋、そして王というように、監督が次の後継者候補を見極め、育てていくシステムが、そのころの巨人にはきちんとできていた。

翻って南海はどうだったか。私は八年間南海の監督を務めたが、まだ若かったうえ、最後は解任というかたちにならざるをえなかったため、後継者づくりなどということは考えてもみなかった。

あとで聞いたところによると、二〇年間監督を務めた鶴岡さんのあとを継いだ蔭山和夫さんは「私は野村までのつなぎ」とおっしゃっていたらしいが、蔭山さんが急死されたことで鶴岡さんがさらに三年間続投、その後、飯田徳治さんが一年間だけ務めたあと、計画より早く私にお鉢が回ってきてしまった。結果的にそこから南海の凋落《ちょうらく》がはじまったといまにして思うのである。ましてそのほかのチームはしばしば監督が交代している。巨人のように監督が後継者を育成するようなシステムができていたとは考えられないのである。

チームに受け継がれる無形の力が伝統になる

一時期の西武に伝統を感じたといったが、私は最近、ヤクルトというチームにもそういうものを少しは感じるようになってきた。ヤクルトには卓越したスーパースターはいない。しかも、毎年のように主力選手が移籍したり、故障したりするうえ、大きな補強もほとんど行ったことがない。にもかかわらず、私が監督を務めた九年間に四度、以降も若松勉《つとむ》監督のもとで一度リーグ優勝を果たしたのをはじめ、近年はほぼAクラスをキープしている。その理由はなんだろうか。

私がヤクルトの選手を預かることになったとき、指導のポイントに掲げたのは次の三点であった。すなわち「ツボ」「コツ」「注意点」である。ツボとは、相手チームの得意な型、相手バッテリーの配球の傾向、打席で狙うべき球種、そして相手打線の攻略法やクセを探すといったこと。つまり、「ここを見ておけ」というものである。コツは技術面。すなわち投げる、守る、打つ、それぞれについての文字どおりのコツ。そして、マークすべき選手の「ホームランゾーン」「ヒットゾーン」「球種とコース」といった「これだけは注意しろ」というのが注意点である。

これらを選手に明確かつ的確に伝えることができれば、黙っていてもチームはいい方向に向かっていくものである。監督と選手の価値観が共有され、思考が一致するのだから、チームとして大きくぶれることがない。これはどんな組織にも当てはまる。

そして、こうした意識の蓄積が選手の自信となり、「おれたちの野球はほかとはちがうのだ」という優位感になって受け継がれ、それがチームの財産となっていく。いわば無形の力である。

私は、こうした力も伝統を形成する大きな要素ではないかと感じる。ヤクルトがほぼAクラスをキープし、多少なりとも伝統を感じさせるのは、こうした蓄積がいまだ選手とチームのなかに息づいているからにほかならない。

その意味では、最近の阪神も同じような感じを抱かせる。阪神に対して私はたいしたものを残せなかったのだが、最近ヤクルトのクラブハウスに行くと、あるコーチが私にこう語りかけてきた。

「『阪神を相手にするときはやりにくい』と、古田が困りきっているんですよ」

どういうことかと訊《たず》ねると、「いまの阪神の野球は、随所に野村さんの影響が感じられる」というのである。阪神の打者には狙い球の絞り方からなにから、私がうるさく指導してきたので、ヤクルトの野球と似ている部分がある。古田もそれがわかっているから、配球を考えすぎて頭が混乱してしまうらしいのである。

そういえば、阪神の桧山進次郎《ひやましんじろう》もどこかで話していた。

「当時は野村さんの言うことがまったく理解できなかったけど、最近ようやくいろんな場面で、『ああ、このことを言っていたのか』とわかるようになった」

ヤクルトのコーチも桧山も、多分に私へのお世辞がまじっているのだろうが、それを聞いて私は悪い気はしなかった。手前味噌《みそ》になるが、たとえ監督が代わっても、私が教えてきたことがヤクルトでも阪神でもその根本にしっかりと横たわっており、受け継がれている。無形の力となって、多少なりともいまの両チームに寄与している。

かつての巨人は、まさしくそんなことを感じさせる最たるチームであった。創設時に掲げた「アメリカ野球に追いつき、追い越せ」の精神をその後も絶え間なく実践し、アメリカから近代野球を学んではそれに独自の解釈と発想を加え、「巨人野球」ともいうべきものをつくりあげ、受け継いでいった。

監督や選手が代わり、多少スタイルが変化したこともあったかもしれないが、大きくぶれることはなかった。その根本には、「おれたちが日本の野球をリードしているのだ」という誇りと矜持《きょうじ》があった。それが「巨人の伝統」をかたちづくった、最大の要因だったと私は思う。

日本の野球を引っ張っていく――その自覚と誇り

だが、そんな巨人の伝統にも、どうやらピリオドが打たれたようだ。いつのころからか、巨人は伝統を感じさせないチームになってしまった。先に述べたように、伝統は勝率と比例する。弱いチームに伝統の重みなんて感じるわけがない。だが、いまの巨人を見ていると、そうしたこと以上に、これまで述べてきたような「無形の力」が失われてしまったように私には映る。

V9のあと、現実には巨人は何回も優勝している。だが、その多くは補強した大物選手が期待どおりの力を発揮したか、ムードや勢いだけで突っ走った結果、たまたま優勝したにすぎない。いわば天性だけで勝ったといっても過言ではない。連覇したことが一度もないという事実が、その証拠である。いまの巨人は、組織こそ相変わらず巨大ではあるが、これまで脈々と受け継いできた「伝統」をみずから放棄しているように思える。

たしかに、これだけ情報化が進んだ時代では、かつて巨人が持っていたようなパイオニア精神を発揮するのはむずかしくなっているのは事実だ。オーナーだけでなく、ファンやマスコミからもつねに結果を求められ、プレーや采配《さいはい》のひとつひとつが注目されるという巨人ならではのプレッシャーのなかでは、未来創造力をうんぬんする余裕もなくなってしまうかもしれない。

けれども、かつての巨人がそうしたものを持っていたのは事実である。「日本のプロ野球は巨人が引っ張っていくのだ」という自覚と誇りを、球団関係者がみな持っていた。それが巨人を長らく球界の盟主たらしめた目に見えない力となった。そして、ほかのチームにとっては目指すべき指標となり、ひいてはプロ野球全体を発展させることにつながった。

私はそう信じている。

あとがき

昔、よくこう訊《き》かれたものだ。

「V9時代の巨人でボールを受けたいと思ったことはないですか？」

熱狂的な巨人ファンで知られた作家の五味《ごみ》康祐《やすすけ》さんにも、こう言われたことがある。

「野村に巨人に来てほしい」

昔は一〇年選手制度というのがあって、一〇年間同一チームでプレーした選手は、ほかのチームに移籍する自由がある程度認められていた。金田正一さんもこの制度を利用して国鉄スワローズから巨人に移籍したわけだが、私にもそうやって巨人に来てほしいというのである。一塁に王、三塁に長嶋がいて、私がピッチャーのボールを受ける……五味さんはそれを夢見ておられたそうだ。

だが、私の答えは、「ノー」である。

たしかに少年時代の私は巨人ファンであった。願わくは、巨人のユニフォームに袖《そで》を通したかった。だが、テスト生として南海ホークスに入団してからはきっぱり、「アンチ巨人」になった。南海の先輩たちが何度も巨人に挑んでは、そのたびにはじき返されていた。巨人は憎むべき存在となった。

「巨人の監督をやってみたいと思いませんか?」

この質問も何回も受けた。これについても「思わない」というのが私の回答だ。やはり、私には弱いチームが合っている。弱いチームを強くすることのほうが私にはずっとおもしろい。どうすれば強いチームに勝てるか、全身全霊をかけて考えに考え、あらゆる準備をし、勝利の方法を探る。それが私の生きがいなのである。

それでは強いチームとはどこか。それは巨人にほかならなかった。ふり返ってみると私は、選手時代も監督になってからも、ずっと巨人に勝つことを目標に野球をつづけてきた気がする。私と同世代、もしくはもう少し若い世代の選手はみんなそうだったのではないか。かつての巨人はそれだけのチームだった。

駆け出しのころの私は、あこがれだった川上哲治さんに自分を見てもらいたい、ひとことでいいからおほめの言葉をいただきたいと思ってプレーしていた。あるとき巨人とオープン戦があり、南海のコーチだった蔭山和夫さんが試合後、川上さんと対談するという話を耳にした。私は蔭山さんのところにいって、「ぼくのバッティングをどう思うか、ちょっと訊いてきてもらえませんか」と頼んだことがある。次の日、さっそく蔭山さんに「川上さんはなにか言っておられましたか」と訊《たず》ねてみた。すると川上さんはこう話されたという。

「あの野村くんというのは、将来楽しみだねえ」

それだけで充分だった。

その後は、王貞治にどれだけエネルギーをもらったことか。リーグはちがうし、向こうはどう思っていたか知らないが、私は「王が打ったら絶対おれも打ってやる」と密《ひそ》かに思い、明日への糧にしたものだ。王がいたからこそ、私がそれなりの記録を残すことができたという面も多分にある。

監督になってからは長嶋茂雄である。まして長嶋と私は一八〇度ちがう。「ひまわりと月見草」と私はよくたとえたが、それだけに絶対に長嶋には負けたくなかった。「こいつだけには負けてたまるか」という気持ちが、監督としての私のエネルギーになった。私の「理詰めの野球」と「カンピューター」と称された長嶋の野球。どちらが強いか、勝負しようじゃないか――そんな気持ちがいつもあった。「あんなひらめき野球に負けてたまるか、根拠のない野球に負けられるか」という気持ちで私は指導に取り組んだ。

長嶋がどう思っていたかはやはり知らない。ただ、長嶋の担当記者と雑談しているときに、私はこんな話を聞いた。あるとき、長嶋がその記者にポロッとこうもらしたそうだ。

「ほかのチームに負けてもそれほど腹が立たないけれど、野村に負けるとほんとうに腹が立つんだ」

「ああ、やっぱり長嶋もおれのことを意識していたんだ、ライバル意識を燃やしていたんだ」

それを聞いて、私はうれしく思うと同時に、ますますやり甲斐《がい》がわいてきたものだ。

そんな巨人の凋落《ちょうらく》が叫ばれて久しい。かつて打倒巨人に闘志を燃やした私にとっては、正直、寂しいと思わないでもない。私は巨人に対するコンプレックスをバネとしてプロ野球生活を送ってきた。その巨人が、強さも伝統も感じさせないチームに成り下がってしまった。「アンチ巨人」という「ファン」も減っているそうだ。

かつては巨人が負けるのを見たくて球場に足を運んだり、テレビを観たりしていた人が多かった。でも、いまは勝手に負けているから、試合を観なくなってしまったのだという。そのせいか、テレビの視聴率も低迷している。

ただ、いまの私は「巨人は強くなくてもいい」と思うようになったのも事実である。というのは、巨人が相対的に弱くなったことで、プロ野球の最大の弊害であった「巨人中心主義」が崩れつつあるからだ。

「巨人が弱いとプロ野球が衰退する」という意見がある。「巨人が強くあってこそのプロ野球だ」と……。とくに二〇〇五年は、巨人戦のテレビ視聴率が低迷したことで、プロ野球そのものの人気が低下したような捉《とら》え方をしている報道が多数あった。それどころか、滅亡の危機に瀕《ひん》しているという印象を与えるものも少なくなかった。

だが、ほんとうにそうだろうか。フランチャイズが拡大したのにともない、各球団は地域密着をうたいはじめた。そのことでそれぞれが独自のファンを獲得しつつある。

つまり、これまで巨人に一極集中していた人気が分散しただけではないのか。事実、二〇〇五年のパ・リーグのプレーオフは連日超満員だったし、テレビ視聴率も非常に高かった。ホークスの地元福岡では五〇パーセントを記録したときもあったという。それでも人気が低下したと言うのなら、それをもたらしたのは「巨人中心主義」と、それにおんぶにだっこで歩んできた球界の体質にほかならない。

以前、Jリーグのチェアマンだった川淵《かわぶち》三郎さん（現日本サッカー協会キャプテン）と長時間話し込んだことがある。そのとき川淵さんはJリーグをつくりあげるために「プロ野球を一〇〇パーセント参考にした」と語っていた。

そして、プロ野球のダメなところを反面教師としたそうだ。そのひとつが巨人中心主義と、それにもとづく非地域密着だったことはいうまでもない。そしていま、プロ野球はJリーグにも学び、正しい方向に歩みはじめていると私は感じている。

にもかかわらず、巨人だけがいまだかつての「巨人中心主義」という亡霊にとりつかれ、その動きに後れをとっている。

勝てなくなると、巨人はすぐに制度そのものを自分のところに有利に変えようとする。そして、反対されると、すぐにリーグ脱退、新リーグ設立をほのめかした。これまではほかのチームのオーナーも巨人のいいなりになり、追随してきた。巨人と試合をしたいからである。

だが、時代は確実に変わりつつあるように思う。ファンは巨人が中心にいることをほんとうに望んでいるのだろうか。いつまでもだだっこのように巨人がふるまうなら、そんなに脱退したいなら、いっそのことさせてみてはどうか。やってみればいいのである。そんなもの、勇気ひとつである。はたして巨人がいなくなったプロ野球がどんなものになるのか、そして脱退した巨人がどうなるのか、私は見てみたいものだ。

　さすがにそれは暴論にすぎるにしても、巨人はいっぺん落ちるところまで落ちたほうがいいのではないか。そうなれば、巨人も弱くなった原因を外部に求めたり、制度を変えることでなんとかしようと考えたりしないで、問題を自分のこととして受け止め、真剣に再生への道を探りはじめるのではないだろうか。

　先ほど私は「巨人は強くなくてもいい」と言った。ただ、これだけは言っておきたい。巨人は強くなくてもいい。けれども、ほかのチームの「模範」たりえる存在にもう一度戻ってほしい──かつて私が闘ったころの、品格と威厳、伝統を感じさせるようなチームであってほしいと私は心から願っているのである。「すごいなあ」と思わせてくれる存在であってほしい。

　そんな気持ちを込めて、私は本書を記してみた。私は巨人に一度たりとも在籍したことはない。関係したこともない。完全な部外者である。したがって、誤解したり、実像以上に美化したり、あるいは逆に貶《おとし》めたりした部分もあるかもしれない。だが、部外者だからこそ見えるもの、感じることがある。内部にいては直視できない部分や気がつかないこと、耳が痛いことも口に出すことができるのである。

二〇〇六年のシーズン、私は東北楽天ゴールデンイーグルスの監督として、再びユニフォームを着ることになった。またしても弱いチームである。初年度の成績を見れば、ヤクルト、阪神のとき以上に苦労するのは確実だろう。時間もかかる。だが、それだけにやりがいも大きい。

一方、巨人も原辰徳が監督に復帰した。再生への第一歩を踏み出すことになる。はたして巨人は再び「模範」たりえる存在として甦《よみがえ》ることができるのか。もし、そういうチームになったのなら、ぜひとも日本シリーズで対決してみたい。そして、今度こそ巨人を倒して「日本一」になりたい——本書を書き終えたいま、私はそう願っている。

参考文献

「ジャイアンツ　データワールド'98」　宇佐美徹也監修・編　読売新聞社
「真説　日本野球史　昭和篇その6～8」　大和球士　ベースボール・マガジン社
「巨人軍陰のベストナイン」　上前淳一郎　角川文庫
「みんなジャイアンツを愛していた」　海老沢泰久　文春文庫
「父の背番号は16だった」　川上貴光　朝日文庫
「『文芸春秋』にみるスポーツ昭和史」　第1～3巻　文藝春秋
「ナンバー」　文藝春秋

野村克也（のむら・かつや）

1935年、京都府生まれ。54年、京都府立峰山高校卒業。南海（現福岡ソフトバンク）ホークスへテスト生で入団。3年目に本塁打王。65年、戦後初の三冠王（史上2人目）など、MVP5度、首位打者1度、本塁打王9度、打点王7度。ベストナイン19回、ゴールデングラブ賞1回。70年、監督（捕手兼任）に就任。73年パ・リーグ優勝。のちにロッテ・オリオンズ、西武ライオンズでプレー。80年に45歳で現役引退。通算成績2901安打、657本塁打、1988打点、打率.277。90年、ヤクルトスワローズ監督に就任、4度優勝（日本一3度）。99年から3年間、阪神タイガース監督。2002年から社会人野球・シダックスのゼネラル・マネジャー兼監督。03年都市対抗野球大会で準優勝。89年、野球殿堂入り。2006年、東北楽天ゴールデンイーグルス監督就任。「生涯一捕手」が座右の銘。

オビ写真／ベースボールマガジン社

巨《きょ》人《じん》軍《ぐん》論《ろん》

――組織《そしき》とは、人間《にんげん》とは、伝統《でんとう》とは

野《の》村《むら》克《かつ》也《や》

二〇〇六年二月十日　初版発行

発行者　田口惠司

発行所　株式会社角川書店

東京都千代田区富士見二―十三―三

〒一〇二―八一七七

振替〇〇一三〇―九―一九五二〇八

電話　営業　〇三―三二三八―八五二一

　　　編集　〇三―三二三八―八五五五

装丁者　緒方修一（ラーフイン・ワークショップ）

企画協力　メディアプレス、藤田健児

印刷所　暁印刷

製本所　ＢＢＣ

ISBN4-04-710036-6 C0275　角川oneテーマ21　A-45

B-65
上機嫌の作法
齋藤　孝
「上機嫌」は、円滑なコミュニケーションのための技！　人間関係力を劇的に伸ばすための齋藤流〝上機嫌の作法〟がみるみる身につく！　生き方の変わる一冊。

B-66
古寺歩きのツボ
――仏像・建築・庭園を味わう
井沢元彦
作家・井沢元彦が、古寺歩きのツボをやさしく伝授。歴史に通じた著者ならではの解説で、楽しく深い古寺歩きの知識があなたのものに！

A-33
適応上手
永井　明
老人介護、更年期、リストラ、登校拒否……日頃抱えている心のもやもやに、いますぐ効きます！　社会に過剰適応しすぎた悩める現代人に贈る、生き方の万能処方箋。

B-68
五〇歳からの頭の体操
多湖　輝
もう一度、固い脳を柔らかく！　物忘れ度、ボケ度から好奇心度まで、あなたの脳の診断をしてみませんか？　熟年版の「頭の体操」！

B-70
五〇歳からの定年準備
河村幹夫
団塊世代の定年予定表を作ろう。定年一歩手前、何を準備すべきか。〝納得できる〟第二の人生のすすめ。

B-72
マジックの心理トリック
――推理作家による謎解き学
吉村達也
だからあなたはダマされる！　人気の推理作家による観客側から書いた初めてのマジック・ブームの「謎」大研究！

A-35
人間ブッダの生き方
――迷いを断ち切る「悟り」の教え
高瀬広居
不安と迷いの心を解き放つ、ブッダ（お釈迦さま）不滅の教えと叡智。仏教界ナンバー1のカリスマ論客が綴った、仏教入門の決定版。

A-38
リストラ起業家物語
――クビ、失業から這い上がった8人
風樹　茂
解雇、倒産、借金…。人生のどん底からリベンジして見事に起業に成功した8人から得る実践的教訓。〈66か条の起業成功と失敗の法則〉付き。

A-25
大往生の条件
色平哲郎
長野の無医村に赴任した医師が、村の住民から学んだ老後の生き方と看取りの作法。そして「ピンピンコロリの大往生」とは。現代日本の医療問題を考えさせる一冊。

C-80
五〇歳からの元気な脳のつくり方
高田明和
定年後も健康な脳を保つには？　正しい病気の知識から、食生活の改善、坐禅や呼吸法まで、分かりやすくアドバイス。中高年のための、読めば元気になる健康読本！

C-83
物語消滅論
――キャラクター化する「私」、イデオロギー化する「物語」
大塚英志
イデオロギーに代わり「物語」が社会を動かし始めた。「物語」の動員力にいかに抗するべきか？　これからの〈世界の行方〉を考える。

B-77
超実践！　ブログ革命
――共感が広がるコミュニティ作り
増田真樹
ブログを継続するコツ、読者を増やすツボ、ビジネス活用のヒントなどを明快に解説。個人と個人がつながっていく、進化したコミュニケーションとは？

C-98
秘湯、珍湯、怪湯を行く！
――温泉チャンピオン6000湯の軌跡
郡司　勇
究極の温泉を求めて人生を捧げた著者が、豊富なカラー写真と共に描く温泉讃歌。野湯、泥湯のほか、奇臭湯や廃屋湯といった奇怪な温泉にも、果敢に挑戦！

C-101
路上観察で歩くパリ
稲葉宏爾
空きビンのリサイクルになぜか熱心、ビジネスチャンスを逸しても休息優先……。パリの不可思議を軽妙な筆致と写真で描く、教科書にはないフランス文化論！

A-40
憲法力
——いかに政治のことばを取り戻すか
大塚英志
「憲法力」とは「ことば」への信頼である。「ことば」を裏切り続けた政治を前に「有権者」が憲法を考える力とは何か？

A-39
抄訳版 アメリカの鏡・日本
ヘレン・ミアーズ
訳=伊藤延司
GHQ最高司令官マッカーサーが日本での翻訳出版を禁じた衝撃の書。何が日本を勝てない戦争に追い込んだのか？ 戦後六〇年緊急復刊。

A-42
「ジャパニメーション」はなぜ敗れるか
大塚英志
大澤信亮
戦前のハリウッド・ディズニーの模倣、戦争と透視図法、萌え市場、国策とジャパニメーションまで徹底分析。まんが／アニメの本当の姿とは何か？

C-75
食いたい！男の漬け物
小泉武夫
おふくろの漬け物が、食いたいなあ。妻にはわかるまい、男たちが密かにはまる、漬け物作りの悦楽。編集部が厳選した日本全国の〈旨い漬け物お取り寄せ75品リスト〉付き！

C-71
長寿村の一〇〇歳食
永山久夫
ボケを防いで長生きする秘密は「食」にあり。全国の長寿村の地域に根ざした食生活の秘密をわかりやすく解説。いきいき老いるための〝食事レシピ〟を探った一冊。

B-67
ナンバ式快心術
矢野龍彦
長谷川智
潜在能力を引き出す「ナンバ走り」を支える心の動かし方とに何か。ナンバ式休養法、睡眠法、食事法から、無理をしない、しなやかな心を育てる。

C-73
芭蕉「おくのほそ道」の旅
金森敦子
芭蕉は何を見たのだろう？ 豊富なエピソードと詳細なカラー地図65点で歩く「おくのほそ道」の旅路。名句が誕生した芭蕉の足跡をリアルに再現した決定版登場！